교과서에 나오는

재미있는 우리 문화유산 이야기

교과서에 나오는

재미있는 우리 문화유산 이야기

류재만 · 김선아 · 김은미 · 송미영 · 이수지 공저

교육과학사

이미지 게재를 허락해 주신 분들께 감사드립니다. 이 책에 실린 사진의 사용허가를 받기 위해 최선을 다했습니다. 부득이하게 사용허가를 받지 못한 자료는 연락이 닿는 대로 절차를 밟아 추후 조치하겠습니다.

머리말

우리나라에 우수한 문화유산이 많다는 사실을 알고 있나요? 아주 오랜 세월을 버티고 보존되어 우리에게 옛 이야기를 전해주는 소중한 문화유산들이 정말 많아요. 고인돌, 팔만대장경, 석굴암처럼 유네스코 세계유산으로 지정된 것들도 있지요. 이런 문화유산을 볼 때 언제 만들어졌고, 어떻게 사용했는지 궁금해한 경험이 있을 거예요.

물론, 교과서에서 만나게 되는 문화유산들을 볼 때 어렵다는 생각을 할 수 있어요. 그 안에 담긴 역사와 문화적인 배경을 이해하는 것은 쉽지 않은 일이니 막막하고 어렵게 느껴졌을 수 있지요.

하지만 우리 문화유산에 대해 제대로 아는 것은 중요한 일이에요. 문화유산을 잘 들여다 보면 우리 조상들이 어떻게 우리나라를 이뤄왔는지, 어떤 문화, 기술, 종교, 자연환경 속에서 살아왔는지를 알 수 있어요. 이것들은 우리 조상들만의 것이 아닌 지금 현재를 살고 있는 우리와 이어지는 우리 모두의 이야기예요. 더 나아가 우리 문화에 대해 자부심을 느낄 수 있을 거예요.

이 책은 여러분이 우리의 자랑스러운 문화유산을 쉽고 재미있게 배울 수 있도록 만들었어요. 이야기를 듣는 것처럼 우리 역사를 즐겁게 배울 수 있도록 박물관 교육을 연구하는 교수님과 초등학교 선생님들이 함께 썼답니다. 우리 유물을 선명하게 볼 수 있도록 큰 사진을 담았어요. 핵심이 되는 자세한 설명과 유물이 담고 있는 숨은 이야기도 담았으니 꼼꼼하게 읽어보면 좋겠어요.

자, 이제 과거로의 시간 여행을 떠날 준비가 되었나요? 우리나라의 자랑스러운 문화유산을 하나하나 살펴보며 그 속에 담긴 우리의 이야기를 함께 알아봅시다.

집필진 일동

차 례

교과서에 나오는

재미있는 우리 문화유산 이야기

다양한 용도로 사용된

01. 주먹도끼

주먹도끼(길이 23.6cm, 연천 전곡리 출토, 구석기 시대)

평범한 돌멩이처럼 보이지만 자세히 보면 뭔가 다듬은 흔적을 찾을 수 있어요.

구석기 시대에 만들어진 주먹도끼는 아주 다양하게 사용되었답니다.

사람들이 주먹도끼를 어떻게 사용했을까요?

구석기 시대 뗀석기인 주먹도끼

주먹도끼는 끝부분이 뾰족한 타원형 석기로 구석기 시대에 사용된 대표적인 도구랍니다. 인간이 발명한 도구 중에서 가장 오래된 것 중 하나이며 뭉툭한 부분을 손으로 쥐고 찍고 자르는 등 사냥과 채집을 비롯한 생활 전반에 사용했어요.

주먹도끼는 뗀석기의 일종으로 돌의 한쪽을 떼어 낸 뒤 반대편을 다시 떼어 내 지그재그 모양의 양면 날을 만들었어요. 구석기인들은 미리 전체적인 모양을 생각하고 계획을 세워 원하는 형태의 주먹도끼를 제작했답니다.

놀랍고 운명적인 주먹도끼 발견 이야기

우리나라에 그렉 보웬이라는 주한미군 병사가 있었는데, 1978년 어느 날, 여자 친구와 한탄강으로 나들이를 갔어요. 거기서 여자 친구가 특이하게 생긴 돌 하나를 주워 왔고, 그 돌을 본 그렉 보웬은 그것이 주먹도끼일지도 모른다고 생각했어요. 그래서 혹시나 하는 마음에 전곡리 일대를 열심히 찾아봤는데, 거기서 또 다른 여러 주먹도끼를 발견했어요.

그는 사실 학비를 벌려고 해외로 파병 나온 고고학과 대학생이었기 때문에 그 돌을 알아볼 수 있었던 것이에요. 그 전에는 우리나라가 속해 있는 동아시아에 주먹도끼가 없는 줄 알았는데, 이때 동아시아 최초로 주먹도끼가 발견되자 세계 고고학계는 크게 놀랐어요.

아슐리안 주먹도끼

양면이 모두 다듬어진 주먹도끼를 '아슐리안 주먹도끼'라고 불러요. 아슐리안 주먹도끼는 최초로 발견된 지역이 유럽이고, 프랑스 생 아슐의 지명에서 유래했어요. 1940년대 초반 미국 고고학자 모비우스(H. L. Movius)는 동아시아 지역에 찍개는 있지만 주먹도끼가 없다고 주장했어요. 그것은 동아시아 지역이 유럽, 아프리카, 중동 지역에 비해 문화적으로 뒤처졌다는 의미였지요. 그러나 1977년 전곡리에서 동아시아 최초로 주먹도끼가 발견되자 이러한 이론은 없어지게 되었어요.

열매나 곡물을 갈았던

2. 갈돌과 갈판

갈돌과 갈판(갈돌 약 28.3cm, 갈판 약 44.5cm, 신석기 시대)

갈돌은 갈판과 짝을 이루어 사용했어요.

열매나 곡물 등의 껍질을 벗기거나 으깨고 그것들을 가루로 만드는 데 사용한 조리용 석기랍니다.

요즘 사용하는 도구 중에 무엇과 닮아 보이나요?

곡물 가공에 쓰인 갈판과 갈돌

넓고 납작한 갈판에 열매나 알곡 등을 올려놓고 길쭉한 갈돌을 양손으로 잡고 밀고 당기는 방식으로 사용했어요. 갈돌과 갈판은 신석기 시대 초기부터 도토리 같은 견과류를 가는 데 사용하다가 이후 농사를 지으며 곡물 가공에도 쓰였어요.

갈판은 도마나 절구 같은 역할을 했을 것 같아요. 갈돌은 알곡을 빻는 공이로, 석기를 만드는 망치로, 조개껍데기를 깨는 도구로도 사용되는 등 다양한 기능을 가졌던 것으로 여겨져요. 갈돌과 갈판은 요즘 사용하는 도구 중에서 믹서기와 비슷하다고 할 수 있어요.

이것과 비슷해요!

<도마>

<절구와 절구 공이>

<망치>

신석기 시대의 식물 채집과 농사의 시작

신석기 시대에 어떠한 식물들을 채집했는지는 정확히 파악하기 어렵지만 도토리 저장 구덩이를 유적에서 발견한 뒤 도토리, 살구 등 야생 식물을 채집했을 것이라 생각한답니다.

신석기 시대에는 농사도 짓기 시작했어요. 하지만 사람들이 전체적으로 농사를 짓는 농경사회로 보기는 어렵고 조나 기장 같은 식물을 재배하기 시작했던 것으로 보여요.

신석기 문화의 상징

3. 빗살무늬 토기

빗살무늬 토기(흙, 현재 높이 38.1cm, 신석기 시대)

아래쪽이 뾰족하고
위쪽으로 갈수록 넓어지는
모양은 마치 반으로 자른
계란을 닮았어요.

겉에는 빗으로 긁어낸
듯한 무늬가 가득해요.

옛날 사람들이 이 그릇을
어떻게 사용했을지
상상해 볼까요?

신석기 시대 대표 그릇

빗살무늬 토기는 신석기 시대 사람들이 흙을 불에 구워서 단단하게 만든 그릇이에요. 이 토기는 한반도 곳곳에서 오랫동안 사용되어서 신석기 시대를 대표하는 그릇으로 뽑힌답니다.

신석기 시대 사람들은 동굴에서 나와 강가나 바닷가 근처에 움집을 짓고, 사냥을 하거나 물고기를 잡고, 나무 열매를 모아 먹으며 살았어요. 그리고 조와 기장 같은 곡식을 키워서 식량을 늘려갔어요. 빗살무늬 토기는 음식을 보관하거나 요리를 할 때 쓸모가 있었어요. 덕분에 사람들이 더 다양한 음식을 먹을 수 있었고, 한 곳에 머물러 살아갈 수 있었어요.

뾰족한 토기의 비밀

빗살무늬 토기의 바닥은 왜 뾰족할까요?

신석기 시대 사람들이 살던 강가는 땅이 무르기 때문에 구멍을 파기 쉬웠어요. 사람들은 구덩이를 파서 토기를 그 속에 세워놓기 편리하도록 바닥 부분을 뾰족하게 만들었답니다.

빗살무늬 토기에 새겨져 있는 다양한 무늬

빗살무늬 토기에는 빗으로 긁은 것 같은 무늬들이 가득하네요. 줄무늬, 물결무늬, 작은 점들로 이루어진 무늬가 규칙적으로 표현되어 있어요.

빗살무늬 토기
(흙, 현재 높이 25.9cm, 신석기 시대)

빗살무늬 토기
(흙, 현재 높이 20.8cm, 신석기 시대)

수천 년을 한반도에 머문

4. 고인돌

강화 부근리 고인돌(높이 2.6m, 너비 5.5m, 청동기 시대)

"우와~ 정말 커다랗다!" 강화도에 있는 이 고인돌을 보면 깜짝 놀라요.

힘이 센 중장비가 없던 시대에 커다란 돌을 어떻게 옮겼을지 신기하기만 해요.

두 개의 바위 위에 그보다 더 큰 돌을 어떻게 올렸을까요?

고인돌이 많은 우리나라

고인돌은 선사 시대 돌무덤의 일종으로 청동기 시대의 유적이에요. 권력이 있던 지배계급의 무덤으로 알려져 있어요.

전 세계적으로 6만여 기의 고인돌이 분포하고 있으며 그중 우리나라에 3만여 기가 있어요. 특히 고창, 화순, 강화 지역에 많은 고인돌이 있답니다. 이렇게 한 지역에 많은 고인돌이 모여 있는 것은 흔하지 않은 모습이에요. 그래서 이 지역의 고인돌은 유네스코 세계유산으로 지정되었어요.

고인돌의 주변과 땅속에서 석기, 토기, 청동기 등의 유물이 발견되고 있어요. 이런 유물들은 청동기 시대를 이해하는 데 큰 도움이 된답니다.

고인돌을 통해 알 수 있는 청동기 시대

고인돌을 만들기 위해서는 수많은 사람들의 힘이 필요했어요. 10톤에서 200톤에 이르는 거대한 돌을 산에서 캐고, 자르고, 날라 와야 했으니까요.

그래서 청동기 시대에 큰 노동력을 일으킬 만한 권력을 가진 지배계급이 있었을 거라고 추측할 수 있어요.

고인돌이 만들어지는 과정

바위에 새긴 그림

5. 울주 대곡리 반구대 암각화

울주 대곡리 반구대 암각화(세로 4.5m, 가로 8m, 선사 시대)

여러 마리의 고래, 호랑이, 늑대, 멧돼지, 사냥을 하고 있는 사람들까지…

울주에 있는 절벽에서 수천 년 전에 그려진 그림이 발견됐어요.

글자가 생기기 전에 사람들은 벽에 그림을 그려 기록을 남겼대요.

석굴암반구대 암각화의 발견

1971년 12월, 울산광역시 울주군 대곡리 반구천에 있는 절벽에서 벽화가 발견되었어요. '암각화'는 바위 위에 새긴 그림이라는 뜻이에요. 이 그림은 바위를 뾰족한 것으로 쪼아내고, 긁고, 떼어내고, 갈아내는 방법으로 그려졌어요. 신석기에서 청동기 시대까지 오랜 시간 동안 만들어졌을 것으로 보여요.

반구대 암각화에는 육지와 바다에서 사는 동물들과 사람들의 생활 모습 등 약 300여 점의 그림이 그려져 있어요. 특히 한때 고래잡이로 유명했던 이 지역의 특성으로 인해 다양한 종류의 고래의 모습들과 배를 타고 고래를 사냥하는 사람들의 모습이 생동감 있게 묘사되어 있지요. 반구대 암각화는 당시 사람들의 생활과 풍습을 엿볼 수 있는 세계적인 유산이에요.

반구대 암각화가 사라지고 있어요.

이 지역에는 반구대 암각화가 발견되기 전에 이미 완공된 댐이 있어요. 그래서 암각화가 1년에 30일 정도 물에 잠겨 조금씩 옅어져서 사라지고 있어요.

반구대 암각화를 멀리서 본 모습

암각화에는 무엇이 그려져 있을까요?

울주 대곡리 반구대 암각화 복원도(국립문화재연구소)

농사가 잘 되기를 기원하다

6. 농경문 청동기

농경문 청동기(청동, 길이 13.5cm, 청동기 시대)

갓 만들어진 청동기는 광택이 났다고 해요.

반짝이는 청동기는 누가, 왜 사용하던 것일까요?

농사가 잘 되기를 기원하다

농경문 청동기는 농사하는 모습이 새겨진 청동기 시대의 유물이에요. 이 청동기에는 농기구를 들고 있는 사람 2명의 모습, 항아리에 곡식을 담는 모습, 그리고 나뭇가지에 앉은 새 2마리가 새겨져 있어요. 옛 사람들은 새가 풍요를 가져다주고 하늘의 신과 땅을 연결해 주는 존재라고 여겼답니다.

청동은 구리와 주석을 섞어 만드는 것으로 매우 귀했기 때문에 지배자만이 사용할 수 있었어요. 윗부분에는 조금씩 닳아 있는 네모난 구멍이 6개 있는데, 여기에 끈을 매달아 사용했을 것으로 보여요. 지배자가 하늘에 풍년을 기원하는 제사를 드릴 때 옷 등에 매달았을 가능성이 크답니다.

농경문 청동기는 옛날 사람들의 생활과 생각을 알려주는 소중한 보물이에요. 사라진 아랫부분에는 어떤 그림이 있었을지 상상해 보세요.

농사와 관련된 청동기 유물들

민무늬 토기 항아리는 곡식 등을 저장하거나 조리할 때 사용되었어요. 반달돌칼은 곡식이나 풀을 베는 데 사용되었어요. 손에 쥐기 편할 정도로 작은 크기지요. 이런 유물들을 통해 청동기 시대에 한반도에서 농사를 지었다는 것을 알 수 있어요.

농경문 청동기의 그림을 자세히 살펴볼까요?

항아리에 무엇을 담고 있는 모습

밭을 갈고 있는 모습

한반도의 독자적 청동기

7. 동검

한국식 동검(동합금, 길이 31.5cm, 너비 3.6cm, 초기 철기 시대)

요령식 동검(동합금, 길이 33.4cm, 너비 6.6cm, 청동기 시대)

멋진 모양의 검이군요!

지금은 녹이 슬어 본래의 색을 볼 수 없지만 처음 만들었을 땐 번쩍번쩍 빛이 났을 거예요.

이 검들은 우리나라에서 발견되는 청동기 시대의 검이랍니다.

한반도의 동검

우리나라의 청동기 문화는 '한국식 동검'이 만들어진 시기와 '요령식 동검'이 만들어진 시기로 나눌 수 있어요.

한국식 동검은 한반도 특유의 청동기 문화가 형성된 시기를 대표하는 유물이에요. 날이 좁고 직선 형태를 띠고 있어 '세형 동검'이라고도 하지요. 이전보다 더 가벼워지고 날렵해진 모습은 청동을 다루는 기술이 발전했음을 보여줘요.

요령식 동검은 중국 요령지방에서 많이 출토되어 '요령식 동검'이라 불러요. 아랫부분이 둥글고 넓은 형태를 가지고 있는데, 이 모습이 중국 악기 비파를 닮아서 '비파형 동검'이라고도 부른답니다.

동검은 적을 물리치는 무기일 뿐만 아니라, 정치적인 권위를 상징했어요. 또한 나쁜 것을 물리쳐 주는 신앙적인 의미도 지녔답니다.

비파
(나무, 길이 54cm, 너비 22.5cm, 중국)

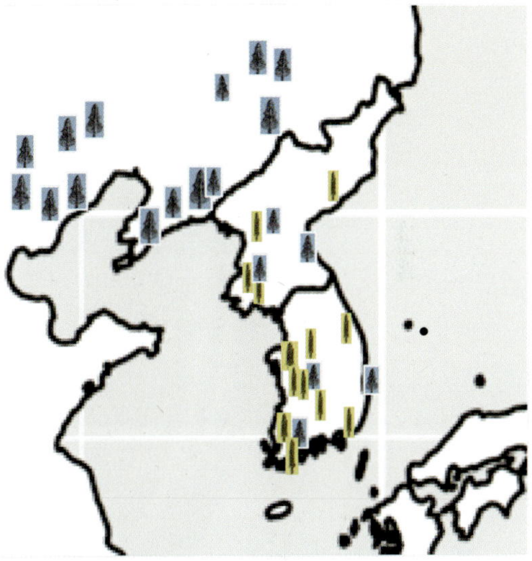

요령식 동검 출토지역
한국식 동검 출토지역

동검을 만드는 거푸집

거푸집은 도구를 만들기 위해 금속을 녹여 붓는 모양 틀이에요. 우리나라 곳곳에서 한국식 동검을 만들었던 거푸집이 발견되고 있어요. 동검의 거푸집이 발견된다는 것은 직접 동검을 만들어서 사용했다는 뜻으로 한반도에 독자적인 청동기 문화가 있었음을 의미한답니다.

한국식 동검 거푸집(돌, 길이 22~27.8cm, 초기 철기 시대)

태양빛을 비추는 청동

8. 잔무늬거울

잔무늬거울(청동, 지름 21.2cm, 초기 철기 시대)

마치 물에 돌을 던졌을 때 생기는 물결처럼 겹겹이 그려진 동그라미 안에

규칙적인 선들로 만들어진 크고 작은 동그라미와 삼각형들이

거울 뒷면에 가득 새겨져 있어요!

청동기 시대의 특별한 거울

잔무늬거울은 초기 철기 시대를 대표하는 특별한 물건으로 '정문경'이라고도 해요.

거울 뒷면에는 끈을 걸 수 있는 작은 두 개의 고리와 이름처럼 작고 정교한 무늬가 빼곡하게 새겨져 있어요. 이 무늬는 현대 기술로도 똑같이 만들기 어려울 만큼 그 당시의 뛰어난 세공기술을 보여준답니다.

앞면은 매끄러워 빛을 잘 반사했을 거예요. 옛날 사람들이 이 거울을 들고 햇빛을 반사시키는 모습을 상상해 보세요! 반짝이는 빛이 마치 거울을 태양처럼 빛나게 했겠죠?

<지배자의 모습을 상상한 그림>

청동거울은 어떻게 사용했을까?

옛날 지배자들은 뒷면에 있는 고리에 끈을 걸어 거울을 가슴에 매달고 중요한 제사를 지냈을 것이라고 해요. 지배자들이 거울을 가슴에 달아 빛나는 태양처럼 보이려고 했던 이유는 무엇일까요?

옛날 사람들은 태양이 곡식을 잘 자라게 하고 모든 생명을 키우는 힘을 가진다고 믿었기 때문이에요. 잔무늬거울은 태양의 힘과 지배자의 권위를 보여주는 특별한 물건이었답니다!

화순 대곡리 청동기 묶음

청동거울은 주로 청동검, 청동 방울과 함께 발견됩니다. 세 가지 물건을 몸에 지니고 하늘에 제사를 지내는 지배자의 모습을 상상해 볼까요?

화순 대곡리 청동기 일괄

가야 철기의 정수

9. 판갑옷

판갑옷과 투구(갑옷-철, 높이 40.6cm 너비 49.6cm,
투구-철, 높이 14.8cm, 길이 25.7cm, 어깨가리개-철, 높이 13.5cm, 길이 25.6cm, 가야 시대)

가야의 수준 높은 철기 문화를 보여주는 판갑옷이에요!

몸통에 맞도록 만든 부드러운 곡선이 보이나요? 머리를 보호하는 투구도 있군요.

이 갑옷을 입고 전쟁터에서 용맹하게 싸웠을 가야의 장수가 눈에 보이는 듯해요.

가야의 뛰어난 철을 다루는 기술

가야가 자리 잡은 낙동강 하류지역은 철이 풍부하게 생산되는 곳이었어요. 그래서 가야는 철을 다루는 기술이 뛰어났어요. 하지만 이러한 지리적 장점 때문에 다른 나라와 전쟁을 많이 치르기도 했어요. 철제로 만든 갑옷은 매우 단단하여 적의 공격으로부터 몸을 보호하는 데 큰 도움이 되었을 거예요.

철판을 이어 붙인 판갑옷

가야에서 발견되는 판갑옷은 큰 철판 20~30장을 못으로 연결하여 만들었어요. 몸의 굴곡에 맞게 만들기 위해서지요. 그래서 판갑옷의 여러 부분에서 철판의 겹친 부분을 못으로 박아 이어 붙인 흔적을 찾을 수 있어요. 딱딱한 철로 만든 갑옷이지만 앞 몸통의 일부분만 분리해서 입고 벗을 수도 있었답니다.

판갑옷의 오른쪽 옆구리

품질이 좋은 철기 제품을 만들었던 가야

가야는 다양하고도 품질이 좋은 철기 제품을 만들었어요. 큰 칼, 화살촉과 같은 무기뿐만 아니라 망치나 낫과 같은 농기구를 만들어 생산력을 높였어요. 그리고 말을 장식하는 말 투구, 말 갑옷과 허리띠 고리, 띠 드리개도 유행했어요.

가야의 수준 높은 철기 문화는 일본에도 전해졌답니다.

말모양 허리띠 고리
(철, 길이 6.4cm, 너비 7.9cm, 가야 시대)

말 띠 드리개
(철, 길이 17.2cm, 너비 7.6cm, 가야 시대)

고리자루 큰 칼
(철, 길이 89.7cm, 너비 4cm, 가야시대)

고구려 무덤 속 벽화

10. 무용도와 수렵도

무용총 무용도(벽화, 고구려 시대)

무용총 수렵도(벽화, 고구려 시대)

무용도와 수렵도는

무용총이라는 무덤 속 벽에

그려진 그림이에요.

그림 속 모습을 통해

고구려 사람들의

옷차림 등 생활 모습을

알 수 있지요.

고구려인의 생활 모습을 담은 무덤 속 그림

무용총은 고구려 시대의 무덤이에요. 벽화에 무용하는 사람들의 모습이 그려져 있어 무용총이라는 이름이 붙여졌어요. 무용총은 크기가 크고 무덤 안에는 방이 2개 있어요. 무용총의 벽과 천장에는 무용도와 수렵도를 비롯해 많은 벽화가 있어요.

무용도 속 사람들은 한복 저고리처럼 생긴 윗옷과 바지를 입고, 기다란 소매를 펄럭이며 춤을 추고 있어요. 옷은 화려한 색이고 점 무늬 장식이 있어요. 춤을 추는 사람 중 맨 앞 사람은 깃털로 장식한 모자를 쓰고 있네요.

수렵도에는 말을 타고 활을 쏘며 사슴과 호랑이를 사냥하는 고구려인들이 있어요. 말을 탄 채 몸을 돌려 활을 쏘는 것은 매우 높은 수준의 기술이에요. 고구려인들은 군사 훈련을 위해 사냥을 하기도 했어요. 그림 속 사람들은 구불구불한 산보다 더 크게 그려져 있어, 고구려인들의 강인하고 씩씩한 기운이 느껴져요.

고구려인들은 왜 무덤에 그림을 그렸을까요?

옛날부터 사람들은 죽은 뒤의 세계가 있다고 믿고 그 세계에서도 잘 살기를 소망했어요. 그런 소망을 담아 무덤의 주인이 생활하던 모습이나 염원하는 것을 무덤 벽에 그렸어요.

무용총은 어떤 구조일까요?

무용총 안에는 돌로 만든 방이 2개가 있어요. 더 안쪽에 있는 방인 널(관)이 있는 돌방에 무용도와 수렵도가 그려져 있지요.

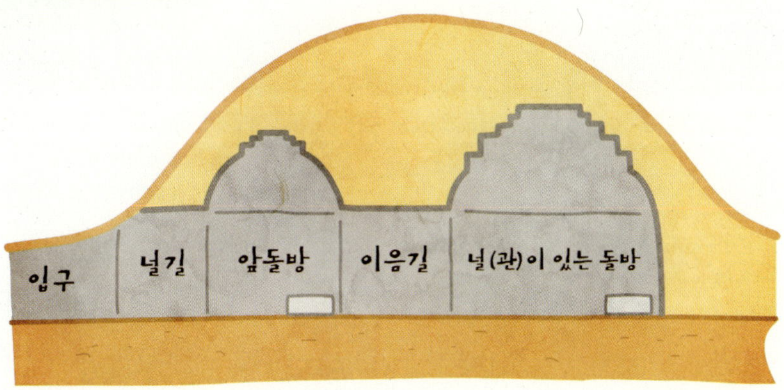

고구려의 위상

11. 광개토대왕릉비

천안 독립기념관에 재현된 광개토대왕릉비(돌, 높이 6.4m 너비 2m, 고구려 시대)

광개토대왕의 업적을

기록한 고구려의 비석이에요.

비석의 웅장한 크기와

4개 면에 적힌 글을 보면

고구려가 얼마나 강한

나라였는지 알 수 있지요.

고구려의 땅을 크게 넓힌 광개토대왕

광개토대왕릉비는 강력한 힘을 자랑했던 고구려의 역사를 알려주는 비석이에요. 고구려의 두 번째 수도였던 국내성(현재 중국의 집안시)에 있어요. 이 비석은 광개토대왕의 아들인 장수왕이 아버지의 업적을 기리기 위해 세운 것이에요. 비석의 높이는 6.4미터나 되고, 무게는 38톤이나 돼요. 동아시아에서 가장 큰 비석으로 알려져 있어요.

광개토대왕릉비는 높이가 2층 건물보다 높을 정도로 규모가 웅장해요.

비석을 자세히 보면 글자를 같은 간격으로 새기기 위해 바둑판처럼 반듯하게 그은 선도 있어요. 4개의 면에는 손바닥만한 크기의 글자들이 1,700개가 넘게 새겨져 있어요. 몇몇 글자는 남아 있지 않아요.

비석의 글은 세 부분으로 나뉘어요. 첫째, 주몽의 고구려 건국 이야기부터 고구려 여러 왕들에 대한 글, 둘째, 고구려 땅을 크게 넓힌 광개토대왕의 업적을 시간 순서대로 적은 글, 셋째, 광개토대왕의 무덤을 지키는 사람들에 대한 글이에요.

탁본이 뭘까요?

오른쪽 사진은 광개토대왕릉비의 4개 면을 탁본한 것이에요. 탁본은 비석의 글이나 그림에 먹을 묻힌 뒤 종이에 찍어낸 것, 또는 그 방법을 말해요. 탁본을 통해 비석의 내용을 오래 보존할 수 있고, 탁본을 꺼내 보며 역사 연구를 할 수 있어요.

일본에 전해진 백제의 검

12. 칠지도

칠지도(모조품, 철, 길이 74.5cm, 백제 시대)

가운데 한 개,

왼쪽에 세 개,

오른쪽에 세 개,

합해서 일곱 개의 가지를

모두 찾았나요?

일곱 개의 칼날을 가진 칼

'칠지도' 랍니다.

특이한 모양의 이 칼은

누가, 왜 만들었을까요?

칠지도는 누가, 어떤 이유로 만들었을까요?

칠지도는 무기로서 만들어진 검은 아니었어요. 칼의 앞면에는 35자, 뒷면에는 27자 등 총 62자의 글자가 새겨져 있는데, 이를 해석하면 칠지도를 백제의 왕이 일본의 왕에게 보낸 것임을 알 수 있어요.

일본에서는 반대로 백제의 왕이 일본의 왕에게 바친 것이라고 주장하지만 신빙성이 부족해요. 칠지도가 전해졌던 때의 백제는 군사적, 문화적으로 일본보다 훨씬 우위에 있는 시기였어요. 또한 당시 일본은 품질 좋은 철을 만들고 글자를 새길 만한 제철 기술을 가지고 있지 않았어요.

칠지도는 백제의 뛰어난 철제 기술을 보여주는 유물이지만, 현재 우리나라에 있지 않아요. 일본의 국보로 지정되어 이소노카미 신궁에 보관되어 있습니다.

일본에 전해진 백제의 문화

백제의 우수한 문화는 일본에 전해져 불교, 지리, 천문, 공예, 음악 등 여러 분야에서 영향을 주었어요. 그런 이유로 백제와 일본에서 모양이 비슷한 문화재가 발견되기도 한답니다.

백제 입점리고분 금동관모

일본 에타후나야마 고분 금동관모

칠지도에 글씨를 새긴 방법

첫째, 철을 뜨겁게 달군 다음, 망치로 두드리고 식히면서 단단하게 만들어요.

둘째, 철을 두드리면서 칼날 모양으로 만들어요.

셋째, 완성된 칼날 위에 글자 모양으로 홈을 파서 글씨를 새겨요.

넷째, 글씨 홈에 가느다란 금실을 끼워 넣고 망치로 두드려서 단단히 고정해요.

위와 같은 방법을 '상감기법'이라고 해요. 백제의 철을 다루는 기술은 칼에 글씨를 새겨 넣을 수 있을 만큼 매우 뛰어났어요.

백제의 정교한 건축예술

13. 정림사지 오층석탑

정림사지 오층석탑(높이 8.33m, 백제 시대)

백제 사람들은

정림사라는 절 안에

오층석탑을 만들었어요.

지금은 절 대부분이

사라지고 터만 남았지만,

이 탑은 여전히

그 자리를 지키며

백제의 문화를

보여주고 있어요.

돌로 쌓은 백제의 아름다운 탑

부여 정림사지 오층석탑은 돌로 쌓아 올렸지만 나무로 만든 탑처럼 보이는 모습이 특징입니다. 높이가 무려 8.33m로 어른 키의 4배나 되는 크기예요.

탑은 아래쪽부터 기단부, 탑신부, 상륜부로 나뉘어요. 기단부는 탑을 단단히 받치고 있어요. 탑신부는 5층으로 이루어져 있는데, 위쪽으로 갈수록 좁아지는 모양 덕분에 하늘을 향해 쭉 뻗어 오르는 듯한 느낌을 준답니다.

백제 시대의 석탑은 오층석탑과 '익산 미륵사지 석탑' 2기만 남아 있어요. 오층석탑은 백제 시대의 석탑 양식을 살펴볼 수 있는 중요한 유산으로 국보로 지정되어 있답니다.

지붕돌을 자세히 살펴볼까요?

지붕돌은 얇고 넓으며 네 귀퉁이가 살짝 올라가 있어서 단정하고 우아한 느낌을 줍니다.

좁고 낮은 1단 기단, 위로 올라갈수록 좁아지는 탑신부, 얇고 넓은 지붕돌의 모양은 이 탑이 목탑 형식으로 만들어졌다는 것을 보여줍니다.

백제가 꿈꾸던 세상

14. 산수무늬벽돌

산수무늬벽돌(흙, 한 변 29cm 내외, 두께 4.2cm, 백제 시대)

하늘에 떠 있는 구름, 그 아래 크고 작은 산봉우리들,

그리고 산 아래로 흐르는 물…….

백제 사람들은 아름다운 풍경을 한 장의 벽돌 안에 담아냅니다.

산과 물이 어우러진 아름다운 풍경이 담긴 벽돌

산수무늬벽돌은 백제 사비(지금의 부여) 시대를 대표하는 뛰어난 유물이에요. 벽돌에 새겨진 산과 바위가 겹쳐진 모습에서 마치 산 속을 들여다보는 듯한 깊이감과 원근감이 느껴져요. 또한 반으로 접었다 펼친 듯 좌우가 균형을 이루고 있어 보는 이에게 안정감을 준답니다.

<산수무늬벽돌의 오른쪽 아래를 확대한 모습>

충청남도 부여군 규암면 외리에서 한 농부가 나무 뿌리를 캐던 중 8장의 벽돌을 발견했어요. 이 벽돌들은 발견된 장소의 이름을 따서 '부여 외리 문양전'이라고 불러요. 산수무늬벽돌과 함께 용, 봉황, 도깨비, 연꽃무늬 벽돌들도 발견되었어요.

이 벽돌들은 백제 사람들의 뛰어난 예술성과 자연을 사랑하고 조화롭게 살아가려는 정신세계를 보여주는 소중한 문화유산이랍니다.

신선이 사는 세계

왼쪽에 집 한 채와 신선으로 보이는 인물이 섬세한 선으로 새겨져 있어요. 마치 깊은 산 속에 자리한 집을 향해 걸어가는 신선을 떠오르게 하네요. 산수무늬벽돌은 신선이 사는 이상적인 세계를 표현했답니다.

산수봉황무늬벽돌

함께 발견된 산수봉황무늬벽돌에도 신비로운 구름과 산봉우리들이 보여요.

산수봉황무늬벽돌 가운데에는 날개를 활짝 펼친 봉황이 있어요. 봉황은 신비로운 새로 복되고 좋은 일이 생길 징조를 알려준답니다.

산수봉황무늬벽돌
(흙, 한 변 29cm 내외, 두께 4.2cm, 백제 시대)

신비롭게 피어오르는 향

15. 백제 금동대향로

백제 금동대향로(높이 61.8cm, 최대 지름 19cm, 백제 시대)

백제 금동대향로는 향을

피우는 데 쓰인 유물로

장식이 정말 섬세해요.

섬세한 장식 사이 12개

구멍들로 공기가 들어가고

향이 피어오르지요.

향을 피우는 데 쓰는 향로를

이토록 아름답게 만든

이유는 무엇일까요?

신비롭게 피어오르는 향

금동대향로는 청동으로 만들고 그 위에 금을 입힌 큰 향로로 백제 왕실에서 사용하던 것이에요. 향로는 향을 피우는 도구인데, 옛날 사람들은 향을 피우면 나쁜 기운이 없어진다고 믿었어요. 금동대향로는 백제 왕실의 선왕께 제사를 지낼 때 사용하던 것이에요. 부여 능산리 부여왕릉원 근처에 주차장을 만드는 공사 전, 발굴 조사를 하다가 우연히 발견되었지요. 진흙 웅덩이 속에서 원래 모양을 그대로 간직한 모습이었지요.

금동대향로는 다른 향로보다 크기가 크고 장식이 몹시 섬세해요. 뚜껑, 몸체, 받침의 세 부분으로 이루어져 있는데 뚜껑 맨 위에는 봉황 장식이 있어요. 그리고 그 아래에는 산봉우리와 계곡, 그 사이에 동물과 사람들이 조각되어 있지요. 몸체는 연꽃으로, 받침은 용으로 장식되어 있어요. 봉황의 가슴에 2개, 산봉우리 사이사이에 10개의 구멍이 뚫려 있어요. 뚜껑을 열고 향을 피운 뒤 뚜껑을 닫으면 곳곳의 구멍에서 공기가 들어가고 향 연기가 피어오르지요. 그 모습은 마치 신선이 나올 듯 몹시 환상적이라고 해요.

금동대향로의 장식을 자세히 살펴보며 아래 동물들을 찾아보세요.

해태 사자 원숭이 긴부리새 코끼리

백제의 미소

16. 마애여래삼존상

서산 용현리 마애여래삼존상(높이 2.8m, 백제 시대 후기)

계곡의 절벽에 세 분의 부처님이 웃고 계세요.

그 미소가 아주 온화해 보여요.

세 부처님 모두 밝은 미소를 짓고 있어서 '백제의 미소'로 불려요.

세 분의 부처님

마애여래삼존상은 백제 시대 후기인 6세기 말이나 7세기 초에 만든 것으로 여겨지는 돌로 만든 불상이에요. 아주 큰 가운데 부처님을 중심으로 오른쪽에는 제화갈라보살입상, 왼쪽에는 미륵반가사유상이 조각되어 있어요. '입상'은 서있는 조각, '반가사유상'은 앉아서 생각하는 자세의 조각이에요.

'마애'는 석벽에 새긴 글자나 불상 등을 말하고, '여래'는 부처님을 뜻해요. 즉 마애여래삼존상은 벽에 새겨진 세 분의 부처님이란 뜻이죠.

마애 삼존상의 의미

마애불의 삼존상은 『법화경』에 나오는 제화갈라보살, 석가, 미륵을 표현한 것으로 여겨지는데, 각각 과거, 현재, 미래를 나타내요.

마애여래삼존상이 있는 충청남도 서산시 용현리는 백제 때 중국으로 통하는 교통로의 중심지인 태안반도에서 부여로 가는 길목이에요. 마애여래삼존상의 부처님께 소원을 빌며 중국과 문화 교류를 했던 사람들의 생활상도 생각해 볼 수 있겠죠?

마애여래 삼존상의 세 불상

오른쪽의 제화갈라보살입상

본존 불상(석가여래입상)

왼쪽의 미륵반가사유상

사색에 잠긴 모습

17. 금동미륵보살반가사유상

금동미륵보살반가사유상(삼산관반가사유상)
(금동, 높이 90.8cm, 삼국 시대)

금동미륵보살반가사유상(일월식삼산관반가사유상)
(금동, 높이 81.5cm, 삼국 시대)

오른쪽 다리를 왼쪽 무릎 위에 올리고, 오른손을 뺨에 대고 깊은 생각에 잠겨 있네요.

입가에 살짝 미소가 번져 있는 이 불상들은

무슨 생각을 하고 있는 것일까요?

깊은 생각에 잠긴 보살

삼국 시대 사람들은 미래에 나타날 부처님을 상상하며 '금동미륵보살반가사유상'을 만들었어요. '금동'은 구리로 만든 후 겉에 얇게 금을 입힌 방법을 뜻해요. '미륵보살'은 먼 미래에 세상 사람들을 구하기 위해 나타날 부처님을 말해요. 그리고 '반가사유상'은 한쪽 다리를 다른 쪽 무릎 위에 얹고 깊은 생각에 잠겨 있는 모습을 뜻한답니다.

왼쪽에 있는 불상은 머리에 둥근 세 개의 산 모양 관을 쓰고 있어서 '삼산관반가사유상'이라고 불려요. 반면, 오른쪽에 있는 불상은 머리에 해와 초승달이 장식된 관을 쓰고 있어서 '일월식삼산관반가사유상'이라고 불린답니다.

자연스럽게 균형을 이룬 몸, 손과 발의 섬세한 동작, 그리고 부드럽게 흘러내리는 옷주름이 조화를 이루고 있어요. 이 불상들은 우리나라의 고대 조각 기술이 얼마나 뛰어났는지를 보여주는 소중한 문화유산이에요.

두 불상의 비슷한 부분과 다른 부분을 더 찾아볼까요?

반가사유상의 뒷모습

두 불상의 뒷모습이에요. 왼쪽 불상 머리 뒤에는 튀어나온 막대가 있고, 오른쪽 불상 머리 뒤에는 무엇인가를 꽂았던 홈이 남아있어요.

이 곳에 부처님의 지혜와 자비를 보여주는 빛인 '광배'를 꽂았다는 것을 알 수 있어요.

<삼산관반가사유상의 뒷모습>

<일월식삼산관반가사유상의 뒷모습>

신라 시대의 유일한 회화 유물

18. 천마총 장니 천마도

천마총 장니 천마도(자작나무껍질, 53X73cm, 신라 시대)

천마도는 신라 시대의 유일한 회화 유물이에요!

그 가치가 매우 커서 천마도가 출토된 고분의 이름이 '천마총'이 되었답니다.

천마도는 어떤 그림이에요?

천마는 하늘을 달린다는 전설의 동물이에요. 중앙에 흰색으로 천마가 그려져 있고, 테두리는 흰색, 붉은색, 갈색, 검정색의 덩굴무늬로 장식되어 있어요.

천마는 꼬리를 세우고 하늘을 달리는 모습으로, 다리 앞뒤에 고리모양의 돌기가 나와 있고 혀를 내민 듯한 입의 모습이 신의 기운을 보여준대요. 당시 사람들이 흰색의 천마가 하늘과 땅을 이어주는 신성한 동물로, 죽은 사람을 하늘 세계로 실어 나르는 역할을 한다고 믿었음을 짐작할 수 있지요.

5~6세기의 신라 시대에 그려진 천마도의 천마의 모습과 가장자리의 덩굴무늬는 고구려 무용총이나 고분벽화의 무늬와 같은 양식이라서, 신라회화가 고구려의 영향을 받았음을 알 수 있는 그림이랍니다.

천마도는 벽화가 아니에요!

경주 천마총 「장니 천마도」는 말의 안장* 양쪽에 달아 늘어뜨리는 '장니'에 그려진 천마 그림으로 천마총에서 출토되었어요.

장니는 말의 양쪽 배를 가리는 가리개로 말을 탄 사람의 옷에 흙이 튀지 않도록 말의 안장에 매달아 늘어뜨리는 말갖춤*인데 장식물로도 사용되었어요.

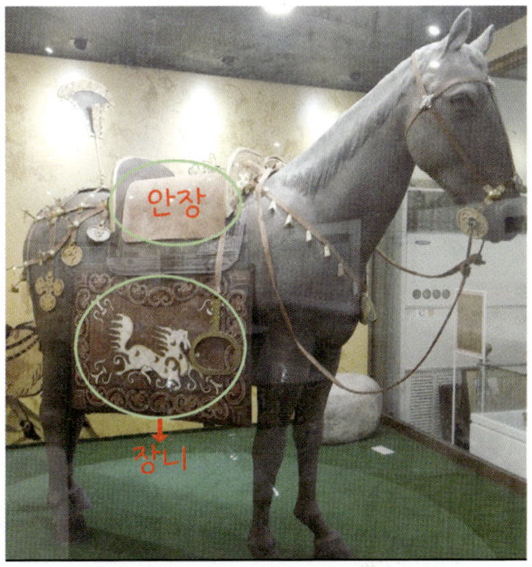

<다양한 말갖춤을 장착한 말의 모형>

천마일까? 상상의 동물인 기린일까?

1992년 놀라운 주장이 나왔는데, 천마도에 등장하는 동물이 말이 아니라 상상의 동물인 기린이라는 의견이었어요. 그리고 1996년에 국립중앙박물관 보존과학실에서 장니 천마도를 적외선 촬영했는데, 육안으로는 잘 보이지 않았던 상상 속 동물 기린의 특징인 뿔 모양이 천마의 머리 위에 선명하게 등장한 것이 화제가 되었답니다. 만약, 천마도의 동물이 '기린'이라는 확실한 증거를 찾게 된다면 천마총 무덤의 이름을 기린총으로 바꿔야 할지도 모르겠네요.

<적외선으로 촬영한 천마도>

*안장: 사람이 말 등에 편안한 상태로 앉아 안정적으로 말을 탈 수 있도록 말 등에 얹는 말갖춤
*말갖춤: 말을 타는 데 필요한 각종 장구를 통칭하여 말갖춤 또는 마구라고 함

황금의 나라 신라

19. 천마총 금관

천마총 금관(32.5cm, 5세기 신라 시대)

천마총에서 출토된

전형적인 신라 금관인데,

정말 화려하죠?

금관은

독창적인 걸작품으로

신라의 정교한

황금 세공 기술을 보여주는

유물이랍니다.

신라 금관의 의미는 무엇일까요?

금관의 머리 위에 두르는 넓은 띠의 앞면 위에는 山 자형 모양 장식이 3줄로, 뒷면에는 사슴뿔 모양 장식이 2줄로 있어요. 끝은 모두 꽃봉오리 모양으로 되어 있고, 금관 전체에 원형 금판과 곡옥을 달아 장식했어요. 금실을 꼬아 늘어뜨리고 금판 장식을 촘촘히 연결하기도 했는데, 밑으로는 나뭇잎 모양의 늘어진 드리개 2가닥이 달려있어요.

<천마총 금관 발굴 당시 사진>

이 금관은 묻힌 사람이 쓴 채로 발견되었어요. 무게는 약 1kg으로 1mm도 안 되는 얇은 두께 위에 무수히 많은 장식이 달려 있어서 잘 휘어요. 그래서 평소에 사용하기 어려웠고 장례용으로 제작한 것이 아닌지 생각되기도 한답니다.

장식의 의미는 여러 가지 설이 있어요. 그중 하나를 소개하면, 나무가 하늘로 통하는 길이고 사슴이 하늘로 인도하는 정령이라고 믿어서 하늘을 향해 있는 날 출(出) 자 한자의 나무 모양과 사슴뿔 같은 장식을 한 것이라는 의견이에요.

또한, 곡옥은 태아의 모습을 닮아 생명을 상징하기도 하고, 달개 장식은 나뭇잎 또는 신성한 나무가 빛나는 모습을 형상화했다고도 해요.

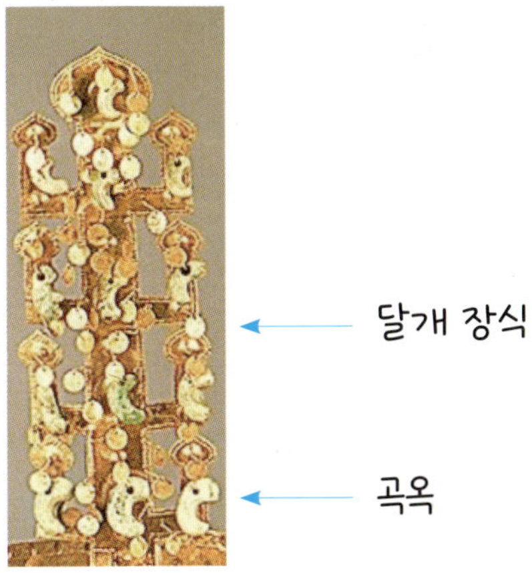

<금관의 곡옥과 달개 장식>

신라 시대의 다양한 금관

기본적인 형태와 장식은 유사하지만, 날 출(出) 자 모양이 3단에서 4단으로 변하기도 하고, 곡옥도 있다가 없어지기도 해요.

황남대총 북분 금관 27.5cm

금관총 금관 27.7cm

서봉총 금관 30.7cm

금령총 금관 27.0cm

안식을 바라는 마음

20. 기마인물형 토기

기마인물형 토기 주인상(왼쪽)(흙, 높이 23.4cm, 길이 29.4cm, 신라 시대)
하인상(오른쪽)(흙, 높이 21.3cm, 길이 26.8cm, 신라 시대)

'기마인물형 토기'는 말을 탄 사람의 모습을 한 토기라는 뜻이에요.

신라 어린 왕족의 무덤인 금령총에서 발견되었어요.

신라 사람들은 왜 무덤에 이 토기를 묻었을까요?

죽은 이후에도 삶이 이어진다고 생각한 신라 사람들

기마인물형 토기는 금령총에서 발견되었어요. 금령총은 신라 어린 왕족의 무덤이에요. 신라 사람들은 죽은 이후에도 삶이 이어진다고 생각해서 여러 가지 필요한 물건들을 무덤에 묻었어요. 어린 왕족의 영혼이 말을 타고 편안하게 저승으로 가서 잘 살기를 바라는 마음을 담아 무덤에 토기를 같이 묻은 것으로 보여요.

기마인물형 토기 2개의 차이점을 잘 보면 신라의 신분 구조를 알 수 있어요. 2개의 토기는 서로 크기, 옷차림과 말 장식이 달라요. 각각 주인상, 하인상으로 불리지요. 주인상의 크기가 하인상보다 조금 더 커요. 주인상의 옷과 모자는 화려한 반면, 하인상은 옷이 소박하고 상투 머리에 수건을 동여 매고 있어요. 주인상의 말에만 방울과 머리 장식이 있어요. 신라 사회에는 신분에 따른 차이가 있었음을 알 수 있지요.

말 등 위에는 깔때기 모양의 구멍이 있어요. 말 가슴에는 액체를 따를 수 있는 대롱이 달려있지요. 과학적인 촬영기술을 통해 토기 안을 본 결과, 토기 안에 액체가 담길 만한 공간이 발견되었어요. 이 토기에는 주전자 기능도 있음을 알 수 있지요.

주인상과 하인상을 자세히 살펴봅시다.

주인상을 확대한 모습

토기에 담긴 예술

21. 토우장식 장경호

토우장식 장경호(길이 30.4cm, 입지름 22.4cm, 신라 시대)

항아리에 흙으로 만든 인형인 '토우'가 붙어 있어요.

사람의 모습도 보이고 개구리나 뱀과 같은 동물들도 보이는군요?

신라 사람들은 이렇게 단순하지만 재미있는 모양의 토우들을 많이 만들었답니다.

토우가 장식된 항아리, 토우장식 장경호

장경호는 '목이 긴 항아리'라는 뜻이에요. 이 항아리는 둥근 몸체와 긴 목을 가지고 있고, 또 목과 어깨 부분에 여러 가지 토우로 장식했기 때문에 '토우장식 장경호'라고 불리고 있어요.

신라 시대에는 토우가 많이 만들어졌어요. 사람들의 생활 모습을 표현한 것뿐만 아니라 다양한 동물 모양의 토우도 많이 발견되고 있어요.

이 장경호에 장식된 토우는 악기를 연주하는 사람, 새, 개구리, 뱀 등 주변에서 쉽게 볼 수 있는 모습들을 담고 있어요. 이 토우들을 통해 신라 사람들의 생활상과 예술성을 엿볼 수 있답니다.

목과 어깨 부분의 토우 장식들

토끼 혹은 여우 / 물고기 / 새 / 현악기를 연주하는 여자 / 거북이 혹은 자라 / 개구리의 뒷다리를 물고 있는 뱀

토우 장식이 있는 부분을 펼친 모습

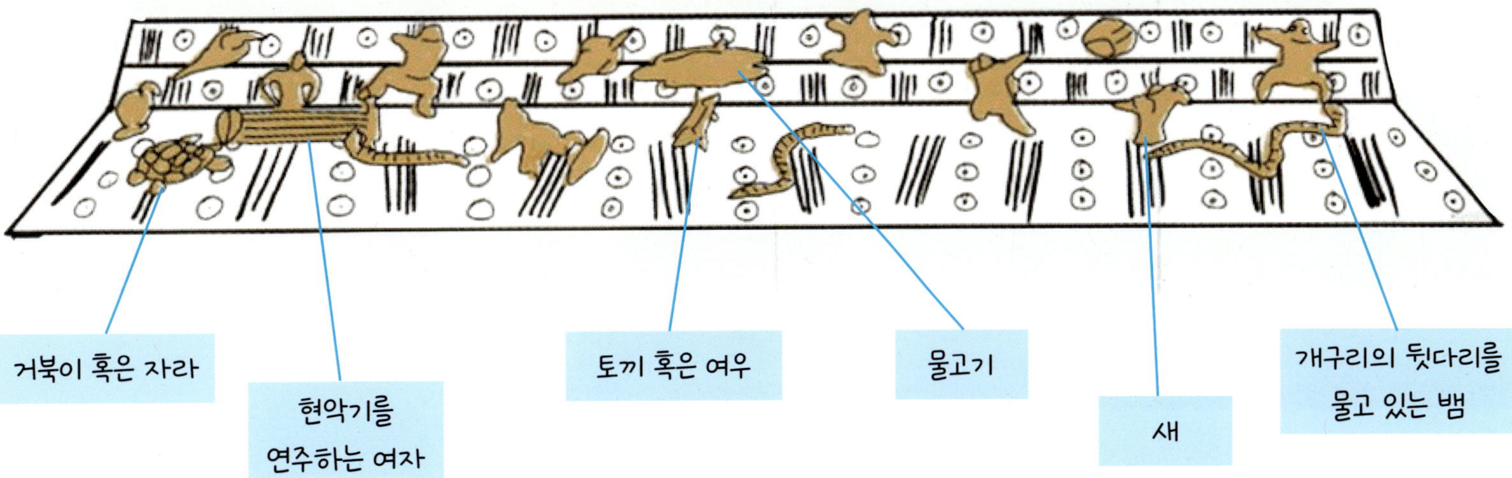

영토 확장을 기념한

22. 진흥왕 순수비

진흥왕 순수비(화강암, 높이 약 155.1cm, 폭 약 7 1.5cm, 두께 약 16.6cm, 555년경 신라 시대)

북한산에 있는

신라 진흥왕 순수비는

진흥왕이 새롭게 차지한

땅을 돌아보며

여러 지역에 세운

순수비 중 하나에요.

순수비에는 어떤 내용이

담겨 있을까요?

영토 확장을 기념

<진흥왕 순수비의 측면>

화강암으로 만들어진 북한산 진흥왕 순수비는 555년 무렵, 지금의 서울 종로구 구기동 북한산 비봉 정상에 세워졌어요. 한강 유역을 차지한 진흥왕이 그 지역을 방문해 자신의 영토임을 기념하기 위하여 세운 비랍니다. 북한산 비봉에 있던 비석을 보존하기 위해 경복궁으로 옮겼다가, 1970년부터는 국립중앙박물관에서 소장하고 있어요.

'무학대사의 비'로 잘못 알려져 있었는데, 1816년 금석학자 김정희가 이 비를 조사한 후에 진흥왕 순수비라는 것이 밝혀지게 되었고, 비의 왼쪽 면에 김정희가 밝혀낸 사실이 기록되어 있어요.

신라의 국경을 표시

현재 남아있는 진흥왕 순수비는 북한산 순수비 외에도 창녕비, 황초령비, 마운령비까지 총 4개이며, 모두 진흥왕이 확장한 영토, 곧 당시 신라의 국경을 표시했어요.

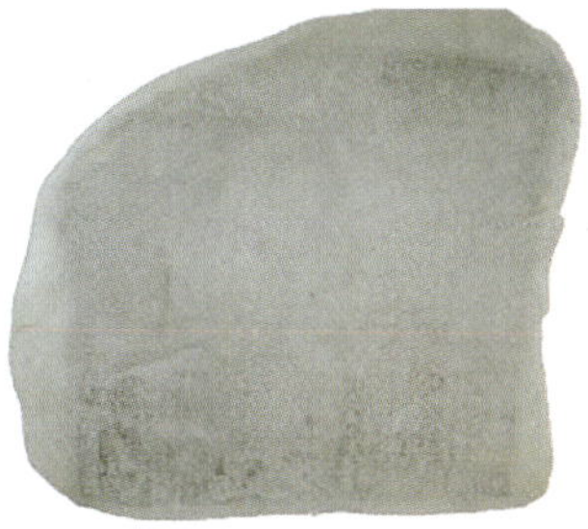
창녕비(진흥왕 척경비)

황초령비

마운령비

신라 최대 영토와
진흥왕 순수비의 분포 지도

신라 시대 천문관측소

23. 첨성대

첨성대(석조 건축물, 높이 약 9m, 632~647에 건립된 것으로 추측됨, 신라 시대)

첨성대는 신라 선덕여왕 때 건립된 것으로 추측되는 신라 시대의 천문관측대로

동양에서 가장 오래된 천문대로 그 가치가 높아요.

첨성대에는 어떤 과학적인 원리가 숨어 있을까요?

첨성대의 각 부분들

우물 정 자(井) 모양으로 얹혀진 정상부는 동서남북을 가리켜요.

가운데 창을 기준으로 위로 12단이 있어요.

삐죽 튀어나온 돌을 '비녀석'이라고 해요. 땅이 흔들릴 때 첨성대를 견고하게 잡아주는 역할을 한대요.

가운데 창문은 출입구인데 가로, 세로 약 1m로 남쪽을 바라보고 있어요.

가운데 창을 기준으로 아래에도 12단이 있어요. 아래로 갈수록 원통형 건물이 넓어지는 모습을 볼 수 있어요.

받침대 역할을 하는 기단부에요.

첨성대는 남쪽으로 난 창을 중심으로 첨성대 내부의 아래쪽은 흙과 자갈로 채워져 있어요. 위쪽은 정상까지 뚫려서 속이 비어 있어요. 아마도 바깥쪽에서 사다리를 놓고 창을 통해 안으로 들어간 후, 내부에서도 사다리를 이용해 꼭대기까지 올라가 하늘을 관찰했던 것으로 추측한답니다.

첨성대 숫자의 비밀

첨성대 몸통의 27단은 27대 선덕여왕을, 창문을 기준으로 위 아래 각 12단은 일 년의 열 두 달과 합하면 24절기를, 상하부 기단을 모두 합한 단은 양력 한 달을, 첨성대를 짓는 데 사용된 360여 개의 돌은 1년을 의미한다고 합니다. 물론 기록은 없어서 추측할 뿐이지만, 이러한 완벽한 숫자들의 조합은 과연 우연일까요?

신라 불교 예술의 정수

24. 석굴암

석굴암 본존불(화강암, 높이 2.72m, 통일신라 시대)

석굴 가운데 앉은 커다란 본존불의 모습이 신비로워요!

주위를 둘러싼 불상들은 저마다 개성 있는 모습을 하고 있군요!

이 모든 것이 돌을 조각한 것이라는 사실이 믿어지나요?

신라 불교 건축의 정수, 석굴암

석굴암은 경주 토함산 중턱에 돌을 쌓아 석굴을 만들고 내부 공간을 하나의 절처럼 꾸민 건축물이에요. 신라 경덕왕 때 김대성이 세웠어요.

석굴암의 중앙에는 본존불이 있고 그 주위 벽면에 총 40구의 불상을 조각했는데 현재는 38구만 남아있어요. 석굴암 본존불상은 종교적 의미뿐만 아니라 예술적인 측면에서도 매우 뛰어난 작품이에요. 단단한 화강암이라고 믿기 어려울 정도로 부드럽게 조각된 얼굴, 자연스럽게 늘어진 옷자락, 아름다운 몸의 비율을 섬세하게 표현했어요.

또한 석굴 안에 생기는 습기를 해결하기 위한 과학적인 설계도 돋보여요. 바닥에 차가운 지하수가 흐르게 하여 아래로 떨어진 물기가 밖으로 흘러 나가게 하고 지붕은 자갈로 덮어 통풍이 되게 했어요.

석굴암은 신라인들의 불교에 대한 열정과 예술혼을 보여주는 작품으로 1995년에 불국사와 함께 유네스코 세계유산으로 등재되었어요.

일제강점기에 훼손된 석굴암

일제는 석굴암을 보수한다는 이유로 석굴암 외벽에 시멘트를 바르고, 내부에 흐르는 지하수를 막았어요. 그러자 오히려 석굴암 내부에 곰팡이와 이끼가 꼈고, 이를 제거하는 과정에서 불상들이 훼손되었어요. 현재까지도 자연적으로 습도를 조절했던 방식을 복구하지 못하고, 유리 벽 안에 보존한 채 에어컨과 온풍기 등으로 습도를 조절하고 있어요.

석굴암의 천장은 반원 형태인데 무너지지 않는 이유는 무엇일까요?

천장에 볼록하게 튀어나온 쐐기돌이 보이나요? 바깥쪽까지 길게 이어져 있어 큰 돌들 사이에서 지렛대의 역할을 하고 있어요. 이 쐐기돌이 천장이 무너지지 않도록 균형을 잡아주는 중요한 역할을 한답니다.

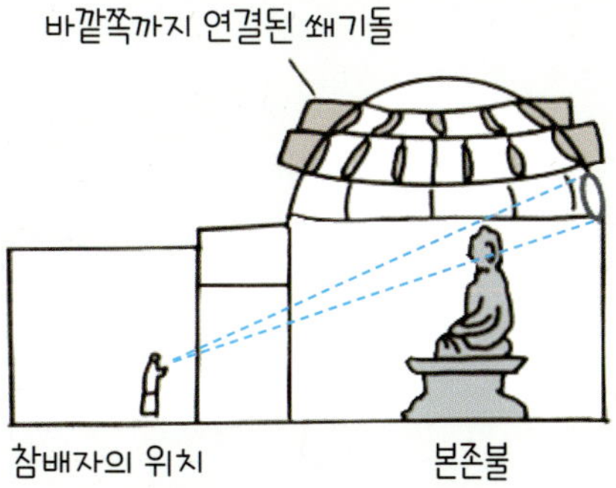

석굴암을 옆에서 본 모습

속세와 부처의 세계를 잇는

25. 불국사 청운교와 백운교

불국사 청운교와 백운교(통일신라 시대)

경주 불국사에는 계단 모양의 다리가 있어요.

이 다리는 우리가 사는 세상과 부처님이 사는 나라를 연결하는 길이에요.

무지개 모양의 백운교와 청운교를 건너면 어떤 모습이 펼쳐질까요?

청운교와 백운교, 부처님의 세계로 가는 다리

백운교와 청운교를 차례로 올라가면 부처님의 세계로 가는 관문인 자하문이 있고, 그 안으로 들어가면 대웅전, 다보탑, 석가탑이 있어요. 불교 경전에는 부처님이 사는 나라로 가려면 물을 건너고 구름 위로 가야 한다고 해요. 청운교와 백운교는 부처님이 사는 곳으로 건너가기 위한 상징적인 다리예요. 또한 다리가 있는 석축 아래에는 연못이 있었다고 전해지는데, 지금도 계단 왼쪽에 물이 떨어지도록 만든 장치가 남아 있어요. 이곳에서 물이 떨어지면 물보라가 폭포처럼 부서지며 무지개가 떴다고 전해지고 있어요.

청운교와 백운교는 통일신라 시대 때 만들어진 계단 중에서 완전한 모습으로 남아 있는 유일한 유산이에요. 돌로 만들어진 다리임에도 불구하고 각각의 돌조각은 섬세하고 아름답게 조각되어 있어요. 특히 아래쪽 계단인 백운교의 무지개 모양은 그 당시의 뛰어난 건축기술을 보여준답니다.

무지개 모양 백운교의 비밀

백운교 아래 부분은 두 겹의 무지개 모양이에요. 겉에 있는 무지개의 돌은 아래가 넓은 사다리꼴이고, 반대로 속에 있는 무지개의 돌은 아래가 좁은 역사다리꼴이에요. 이러한 독특한 구조로 백운교는 긴 시간 동안 무너지지 않고 버틸 수 있었답니다!

<백운교의 무지개 모양>

『삼국유사』에 실려 있는 김대성과 불국사 이야기

전생에 가난한 집에서 태어난 김대성은 스님에게 밭을 시주하여 복을 받아서 '대성'이라고 쓰여진 금 조각을 쥐고 귀족 집에서 다시 태어났어요. 효심이 깊었던 그는 전생의 어머니를 집으로 모셔와 함께 살았으며, 이번 생의 부모님을 위해 불국사를, 전생의 부모님을 위해 석굴암을 만들었어요.

함께 있어야 의미가 완성되는

26. 석가탑과 다보탑

석가탑(높이 10.75m, 통일신라 시대, 경주 불국사)

다보탑(높이 10.29m, 통일신라 시대, 경주 불국사)

경주 불국사 절내의 대웅전과 자하문 사이의 마당에 마주 보고 서 있는 두 탑이 있어요.

서쪽 탑이 석가탑, 동쪽 탑이 다보탑이에요.

함께 있어야 그 의미가 완성되는 석가탑과 다보탑! 두 탑이 같이 있는 이유는 무엇일까요?

석가탑과 다보탑의 상징

석가탑과 다보탑은 우리나라의 가장 대표적인 석탑이에요.

석가탑의 원래 이름은 '석가여래상주설법탑'으로 가르침을 전하는 부처를 상징해요. 다보탑의 원래 이름은 '다보여래상주증명탑'이에요. 두 탑을 같은 위치에 세운 이유는 '현재의 부처'인 석가여래가 설법하는 것을 '과거의 부처'인 다보불이 옆에서 옳다고 증명한다는 『법화경』의 내용을 눈으로 직접 볼 수 있게 탑으로 만든 것이라고 해요.

석가탑과 다보탑의 아름다움

석가탑은 우리나라의 전통적인 석탑 양식을 따라 만들었는데, 2단의 기단 위에 세운 3층탑이라는 것을 쉽게 알 수 있어요. 석가탑 안에서는 사리 보관 도구와 함께 세계에서 가장 오래된 목판 인쇄물인 '무구정광대다라니경'이 발견되었답니다.

다보탑은 다보 부처님을 상징하는 탑으로 다른 탑에서 볼 수 없는 독창적 형식이 돋보이며 각 부분의 조각 기법에 있어서도 마치 목조 구조물을 보는 듯 아름다운 것이 특징이에요. 하지만 다보탑은 복잡한 구조 때문에 그 층수를 헤아리기가 어렵답니다.

다보탑의 설움

안타깝게도 다보탑에는 일제에 나라를 빼앗겼던 설움이 고스란히 전해져 와요. 1925년경에 일본인들이 탑을 완전히 해체하고 보수하였는데, 이에 관한 기록이 전혀 남아 있지 않아요. 또한 탑 속에 두었을 사리와 사리장치, 그 밖의 유물들이 이 과정에서 모두 사라져버려 그 행방을 알 수 없게 되었답니다. 그리고 기단의 돌계단 위에 놓여있던 네 마리의 돌사자 가운데 세 마리가 일제에 의해 약탈되어 이를 되찾기 위해 노력했으나 아직까지 그 행방을 알 수가 없으며, 현재 1마리의 돌사자만 남아있어요.

1개만 남아있는 다보탑 돌사자상

세계에서 가장 오래된 목판인쇄물

27. 무구정광대다라니경

무구정광대다라니경(한지, 너비 약 8cm, 길이 약 620cm, 8세기 중엽 통일신라 시대)

현재까지 알려진 세계에서 가장 오래된 목판 인쇄물인 무구정광대다라니경!

무구정광대다라니경이 1200년 이상 남아있을 수 있던 이유는

신라 시대의 우수한 한지 제작 기술 때문이랍니다.

무구정광대다라니경을 왜 만들었을까요?

무구정광대다라니경은 경주 불국사의 석가탑에서 발견되었으며 너비 약 8㎝, 전체 길이 약 620㎝의 종이에 1행 8~9자의 다라니경문을 두루마리 형식으로 적어 놓았어요.

무구정광대다라니경은 세상의 때가 묻지 않고 깨끗한 빛이 나는 다라니경이라는 뜻을 가지고 있어요. '다라니'는 주문*을 뜻하는 말인데 '맑고 깨끗하고 크게 될 수 있다'는 주문이라고 생각하면 된답니다.

다라니경은 원래 탑을 쌓은 다음 불경을 열심히 외우면 부처가 될 수 있다는 뜻에서 만든 기도문인데, 예부터 탑 속에 넣는 것이 풍습이었어요. 그래서 다라니경을 석가탑 안에 넣었다고 합니다.

무구정광대다라니경의 발견

무구정광대다라니경은 석가탑 안에서 종이 뭉치의 형태로 발견되었고, 두루마리 형식으로 되어 있었어요. 두루마리 안쪽은 상태가 비교적 좋았으나 바깥쪽 부분은 발견 당시 부식되고 산화되어 결실된 부분이 있었는데, 1988년에서 1989년 사이 전면 수리 복원하였답니다.

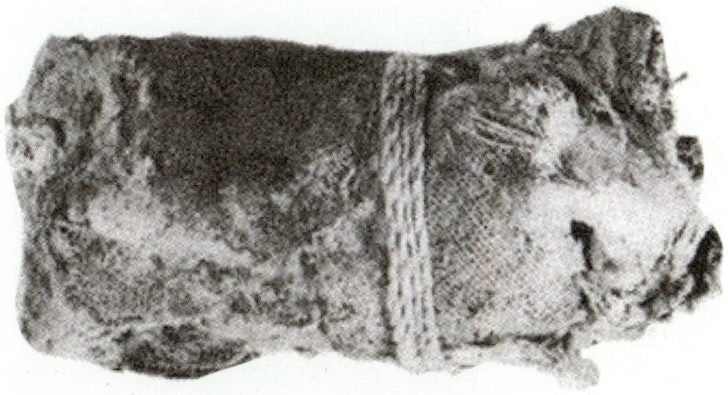

<무구정광대다라니경 발견 모습>

무구정광대다라니경(발견 당시, 펼친 모습 일부)

*주문: 종교 같은 분야에서 주술적인 작용을 실현하기 위하여 입으로 외는 글귀

멀리 퍼져 나가는 아름다운 종소리

28. 성덕대왕신종

성덕대왕신종(청동, 높이 365.8cm, 통일신라 시대)

신라 시대에 만들어진 성덕대왕신종은 원래 모습을 잘 보존하고 있어요.

종을 울리면 작아질 듯 다시 이어지며 여운이 있는 신비한 소리가 1분이 넘게 계속되지요.

신비한 소리를 낼 수 있는 비결은 무엇일까요?

오랜 세월 만든 신라의 걸작

성덕대왕신종은 신라 경덕왕이 아버지 성덕왕의 업적을 알리기 위해 만들기 시작한 종이에요. 오랜 세월 동안 만들어 혜공왕 때에 이르러서야 완성되었어요. 우리나라에 남아 있는 종 가운데 가장 크지요. 지금은 국립경주박물관 야외의 종각에 걸려 있어요. 이 종은 신라 시대를 대표하는 훌륭한 유물 중 하나로 꼽혀요. 종을 보호하기 위해 2004년 이후로는 종을 울리지 않지만 지금도 소리를 낼 수 있어요.

멀리 퍼져 나가는 아름다운 소리

이 종을 치면 몇 킬로미터 떨어진 곳에서도 소리가 들릴 뿐만 아니라, 은은한 울림이 1분 넘게 계속돼요. 이는 진동이 다른 두 개의 소리가 서로 영향을 주며 소리의 세기가 강해졌다가 약해지기를 반복하기 때문이에요. 현대 기술로도 이런 신비한 소리를 만들어 내기는 어려워요. 신라인들은 뛰어난 과학 기술로 이 종을 설계하고 만들었어요.

웅장한 규모, 아름답고 섬세한 장식

종의 맨 윗부분에는 대나무 모양의 음통*이 있어요. 음통은 우리나라 종에서만 찾아볼 수 있는 모양이지요. 종이 걸려있는 고리는 용 모양이에요. 종의 몸체에는 꽃무늬, 연꽃, 비천상*과 글이 새겨져 있어요. 만든 이유, 제작 과정, 만든 시기, 만든 사람, 신라와 성덕대왕의 훌륭함 등이 적혀 있어요.

*음통: 소리의 울림을 도와주는 것

*비천상: 비천(하늘을 날며 부처님을 모시는 존재)을 표현한 것

자연과 예술의 조화

29. 청동 은입사 포류수금문 정병

청동 은입사 포류수금문 정병(금동-동합금, 높이 37.5cm, 고려 시대)

물을 가득 담을 수 있는
몸통과 매끈하고 긴 목을
가진 물병이에요.

언덕 위 갈대와 버드나무,
주위에는 물새와 물오리들이
날거나 헤엄치고 있네요.

섬세하고 아름다운
무늬가 새겨진
이 물병은 어디에
사용했을까요?

자연을 담은 물병, 청동 은입사 포류수금문 정병

서정적인 풍경이 새겨져 있는 이 물병은 고려 시대에 만들어진 정병으로 '물가풍경무늬 정병'이라고도 해요. '정병'은 스님이 맑은 물을 담아 마시기 위해 사용하는 병이었으나 부처님 앞에 깨끗하고 맑은 물을 담는 그릇으로도 사용되었어요.

정병은 매끄럽고 부드러운 곡선과 안정감 있는 모양으로 자연의 아름다움을 섬세하게 표현했어요. 지금은 시간이 지나 초록빛 바탕에 어두운 무늬가 남아 있지만, 처음 만들어졌을 때는 어두운 청동색 바탕에 반짝이는 은으로 만든 무늬가 더욱 눈에 띄었을 거예요. 무늬는 금속(청동)에 선이나 홈을 파서 그 안을 가늘게 만든 은을 넣어 장식하는 '은입사' 기법으로 표현했어요. 청동 은입사 포류수금문 정병은 고려 시대 은입사 정병 중 감성적인 아름다움이 가장 뛰어나며, 고려 시대 문화와 예술을 살펴볼 수 있는 문화유산이랍니다.

정병을 자세히 살펴볼까요?

날아오르는 새들, 헤엄치는 오리들과 함께 왼쪽에는 낚시꾼이, 오른쪽에는 노를 젓는 사공이 보이나요?

목 부분 둥근 테두리를 덮은 뚜껑에는 덩굴무늬를 새겼네요.

우아한 형태와 옥빛의 조화

30. 청자 상감 운학문 매병

청자 상감 운학문 매병(높이 41.7cm, 입지름 6.52cm, 밑지름 17cm, 고려 시대)

작고 낮은 입구,

넓고 당당한 어깨에서

아래쪽으로 매끄럽게

좁아지는 병이에요.

맑은 푸른빛 바탕에

원 안에는 학이 하늘을 향해,

원 밖에는 학이 아래를 향해

날아가는 모습이

구름과 어우러져 있어요.

옥빛을 담은 청자 상감 운학문 매병

'청자 상감 구름학무늬 매병'이라고도 부르는 이 매병은 고려 상감청자 기술이 최고였던 시기에 만들어진 작품으로, 당시 공예 기술의 우수성을 보여줘요.

고려 시대 우리 조상들은 도자기를 만드는 중국의 기술을 받아들여 우리만의 청자를 만들기 위해 노력했어요. 끊임 없이 노력한 결과, 우리만의 기술과 감각을 살린 세계적으로 아름답고 독특한 고려청자를 만들게 되었어요. 특히 비취옥의 푸른 비색은 중국에서 "고려의 비색은 천하제일"이라며 칭찬할 정도였답니다.

푸른 바탕에 섬세하게 새겨진 흰 학과 구름이 보이나요? 이렇게 나무나 도자기에 여러 가지 무늬를 새긴 뒤, 그 속에 다른 흙을 집어 넣어 표현한 방법을 상감기법이라고 해요.

청자 상감 운학문 매병을 지킨 간송 전형필의 노력

간송 전형필은 일제강점기 시절 우리 문화재가 다른 나라로 유출되지 않도록 전 재산을 들여 수집하였어요. 그는 당시 기와집 20채에 해당하는 값인 2만 원으로 일본인에게서 청자 상감 운학문 매병을 구입했어요. 이러한 그의 노력으로 우리는 매병을 지켜 낼 수 있었답니다.

<매병의 무늬를 확대한 모습>

아름답고 다양한 모습의 고려청자

<청자 어룡모양 주전자>

<청자 상감 국화무늬 잔과 잔받침>

<청자 투각 칠보무늬 향로>

<청자 모자원숭이모양 연적>

고려의 의지를 새긴

31. 해인사 대장경판

해인사 대장경판 대반야바라밀다경(앞)(목판, 가로 70㎝ 내외, 세로 24㎝ 내외, 두께 2.6~4㎝, 고려 시대)

고려 사람들이 몽고의 침략에 맞서 불교의 힘으로 나라를 지키기 위해 만든 특별한 나무판이에요.

8만 개가 넘는 나무판에 수많은 글자를 새겨 넣었는데, 지금까지 썩지 않고 그대로 남아 있답니다.

대장경판이 천 년 넘도록 보존된 비법은 무엇일까요?

팔만 개의 나무판 속에 담긴 나라를 지킨 힘

해인사 대장경판은 고려 시대에 만들어졌다고 해서 고려대장경이라고도 하며, 8만 1,258개의 목판으로 이루어져서 팔만대장경이라고 부르기도 해요. 불교 경전을 새긴 목판으로 16년에 걸쳐 완성되었는데 오늘날까지 단 한 점도 썩지 않고 전해지고 있어요. 또한 지금까지 전해지는 대장경 중 가장 오랜 역사와 정확한 내용으로 2007년 유네스코 세계기록유산으로 등재되었답니다.

어떻게 만들었을까요?

먼저 대장경판에 사용할 나무를 3년 동안 바닷물에 담가 둔 뒤 소금물에 삶고 2~3년간 그늘에 말려요. 이렇게 하면 나무가 뒤틀리거나 썩는 것을 막을 수 있어요. 그 후 나무판에 정성스럽게 글자를 새기고 옻칠을 했어요. 뒤틀리거나 쪼개지는 것을 방지하기 위해 경판의 양 끝에 나무 조각을 붙이고 네 귀퉁이에 금속장치를 덧붙였어요.

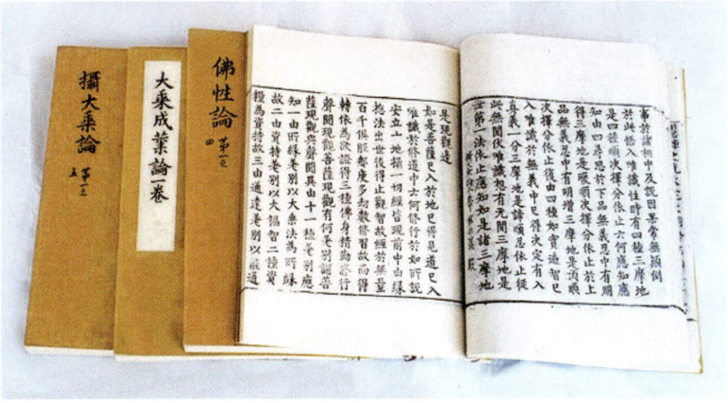

<팔만대장경 인쇄본>

대장경판 보관의 비밀-해인사 장경판전

<장경판전 내부 모습>

대장경판을 보관하고 있는 장경판전에는 어떤 비밀이 숨어있을까요?

1. 판전 앞면은 아래에 있는 창이 위에 있는 창보다 크고, 뒷면은 위에 있는 창이 아래에 있는 창보다 커서, 공기가 위아래로 돌아나가도록 만들어져 적절한 온도를 유지할 수 있어요.
2. 바닥에는 소금과 숯, 모래, 횟가루를 차례로 넣어 습도를 조절할 수 있어요.

장경판전의 이러한 특징 덕분에 대장경판을 오랜 시간 안전하게 보관할 수 있었고 그 가치를 인정받아 1995년 유네스코 세계유산으로 등재되었답니다.

고려 불화의 정수

32. 수월관음도

수월관음도(비단에 채색, 세로 165.5cm, 가로 101.5cm, 고려 시대, 센오쿠학고간 소장)

인자한 얼굴의 보살님,

투명하게 비치는 옷감,

물 위에는 산호와 꽃이

화려하게 그려져 있어요.

'나무아미타불 관세음보살'

이라는 불교에서 자주 하는

말을 들어본 적이 있나요?

그 말에 나오는

관세음보살이

수월관음도에 그려진

관음보살이에요.

고려 불교 미술의 정수, 수월관음도

수월관음도는 고려 시대의 대표적인 불교미술 작품으로 관음보살의 모습을 그렸어요. 고려는 불교를 국교로 장려했던 나라였기 때문에 많은 절이 세워지며 불화*도 발전했어요.

수월관음도에는 바닷가 바위 위에 앉아 선재 동자의 방문을 받고 있는 관음보살이 그려져 있어요. 관음보살은 중생을 구제하는 자비로운 보살이에요. 온갖 보배와 꽃, 과일이 풍성한 곳에 살고 있어요. 이 관음보살을 금박 가루와 선명한 색채를 사용하여 매우 화려하게 표현했는데 우아함과 고상함도 느껴지지요.

수월관음도는 섬세하고 화려하면서도 종교적인 격식을 갖춘 고려 불화의 특징을 잘 보여주는 작품이랍니다.

우리나라보다 외국에 더 많은 수월관음도

지금까지 발견된 수월관음도는 40여 점이에요. 그러나 6점 만이 우리나라에 소장되어 있고, 나머지는 대다수가 일본에, 그리고 일부는 유럽과 미국 등지에 흩어져 있어요.

수월관음도
(세로 419cm, 가로 254cm,
고려 시대, 일본 가가미신사 소장)

수월관음도를 자세히 살펴볼까요?

합장한 선재동자의 모습이에요. 선재 동자는 진리를 찾기 위해 관음보살을 찾아왔어요.

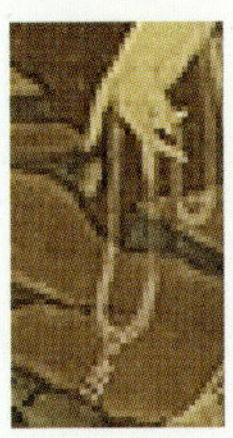

투명하고 화려한 염주를 손에 들고 있어요.

무늬가 있는 옷감 위에 투명한 옷감이 겹친 듯 보여요.

부처님 발 아래에는 연꽃 무늬의 발받침이 있어요.

버들가지가 꽂힌 정병은 관음 보살의 상징이에요.

*불화: 불교의 내용을 그린 그림

새로운 양식, 정교한 장식

33. 경천사지 십층석탑

경천사지 십층석탑(대리석, 높이: 13.5m, 고려 시대)

전체적인 균형이 아름답고,

탑 곳곳에는 정교한 장식이

있어요.

평소에 우리가 알던 탑의

모양과 조금 달라 보이지

않나요?

어떤 점이 다를까요?

정교하게 조각된 새로운 양식의 대리석 석탑

경천사지 십층석탑은 전통적인 요소와 이국적인 특징이 조화롭게 어우러진 탑이에요. 우리나라의 석탑이 대부분 화강암으로 만들어진 반면, 이 탑은 대리석으로 만들어졌어요. 또한 탑의 형태도 우리나라 전통 석탑과는 조금 다르며, 원나라나 티베트의 탑과 비슷한 모습을 하고 있어요. 이를 통해 당시 고려가 원나라, 티베트 등 다른 나라의 문화적 영향을 받았음을 알 수 있어요. 탑 곳곳에는 불교적 장식이 정교하게 조각되어 있어 그 예술적 가치도 높아요.

경천사지 십층석탑은 원래 경기도 개풍군의 절터인 경천사지에 세워졌어요. 그러나 1907년경 일본인이 탑을 해체하여 일본으로 가져갔어요. 많은 노력 끝에 1918년에 우리나라가 되찾은 후 경복궁으로 옮겨왔어요. 이후 심하게 훼손된 상태였던 탑을 해체하여 10여 년 동안 복원 작업을 진행했어요. 복원이 완료된 후, 2005년부터 국립중앙박물관 실내에 전시되고 있어요.

월정사 팔각 구층석탑
(화강암, 높이 15.2m,
고려 시대 전기)

고려의 불탑 비교해서 보기

월정사 팔각 구층석탑은 고려 초기 탑으로 간결하고 단아한 모습이에요. 경천사지 십층석탑은 원나라의 영향을 받아 형태가 복잡하고 장식이 화려해요.

정교하게 조각된 불교적 장식

경천사지 십층석탑의 탑 곳곳은 정교하게 조각된 장식들로 가득해요. 오른쪽 사진 속 장식이 얼마나 정교한지 살펴보세요.

아름다운 사찰건축물

34. 부석사 무량수전

영주 부석사 무량수전(목조 건물, 앞면 18.15m, 옆면 11.57m, 고려 시대 재건)

영주 부석사에 있는 무량수전은 우리나라의 오래된 목조 건물 중 하나로

부드럽고 탄력적인 곡선미를 보여주는 배흘림기둥이 유명해요.

고대 사찰건축의 구조를 연구하는 데 매우 중요한 건물이랍니다.

무량수전의 모습

부석사는 신라 문무왕 16년(676) 의상대사가 당나라 유학 후 돌아와 왕명으로 창건한 절이에요. 무량수전은 부석사의 중심 건물로 공민왕 7년(1358)에 불에 탄 것을 고려 우왕 2년(1376)에 다시 지었어요.

무량수전의 크기는 앞면 5칸, 옆면 3칸으로 앞면과 옆면이 비율이 조화롭고, 지붕은 옆에서 보면 여덟 팔(八) 자 모양인 팔작지붕으로 꾸며져 있답니다. 무량수전의 기둥은 배흘림기둥이에요. 기둥이 길어지면 가운데가 가늘게 보이는 착시현상을 보정하려고 기둥의 가운데를 가장 두껍게, 양쪽 끝은 두께를 줄여서 만들어요. 기둥이 지붕을 안정적으로 받쳐주게 보이는 효과를 준답니다.

무량수전 측면 모습

무량수전의 의미

무량수전 건물 안에는 아미타여래불상을 모시고 있어요. '아미타여래'는 끝없는 지혜와 무한한 생명을 지녔으므로 '무량 수불'로도 불리기 때문에 전각의 이름이 무량수전이 되었답니다. 그리고 보통의 불전은 정면을 보고 있는데, 무량수전의 불단은 동쪽을 향하고 있는 것도 특징이에요.

무량수전 내부 소조여래좌상의 모습

부석사의 전설

의상대사가 당나라 유학을 마치고 귀국할 때 그를 좋아한 선묘라는 낭자가 바다에 몸을 던져 용이 되었고, 바닷길을 수호하여 의상대사가 무사히 고국으로 도착할 수 있게 도와주었어요. 그 후 의상대사가 봉황산 기슭에 절을 지으려 할 때, 이곳에 살고 있던 이들이 방해하였는데, 용이 된 선묘가 커다란 바위를 공중에 띄워 반대하는 무리들을 물리쳤고, 그 덕분에 절을 지을 수 있었다고 해요.

선묘가 띄웠던 바위가 바로 이 사진의 바위라고 하며, 무량수전의 서쪽에 있어요. 이후 절의 이름은 '떠 있는 바위의 사찰'이라는 뜻의 부석사가 되었답니다.

무량수전 서쪽에 있는 '부석'

금속인쇄술의 보물

35. 직지심체요절

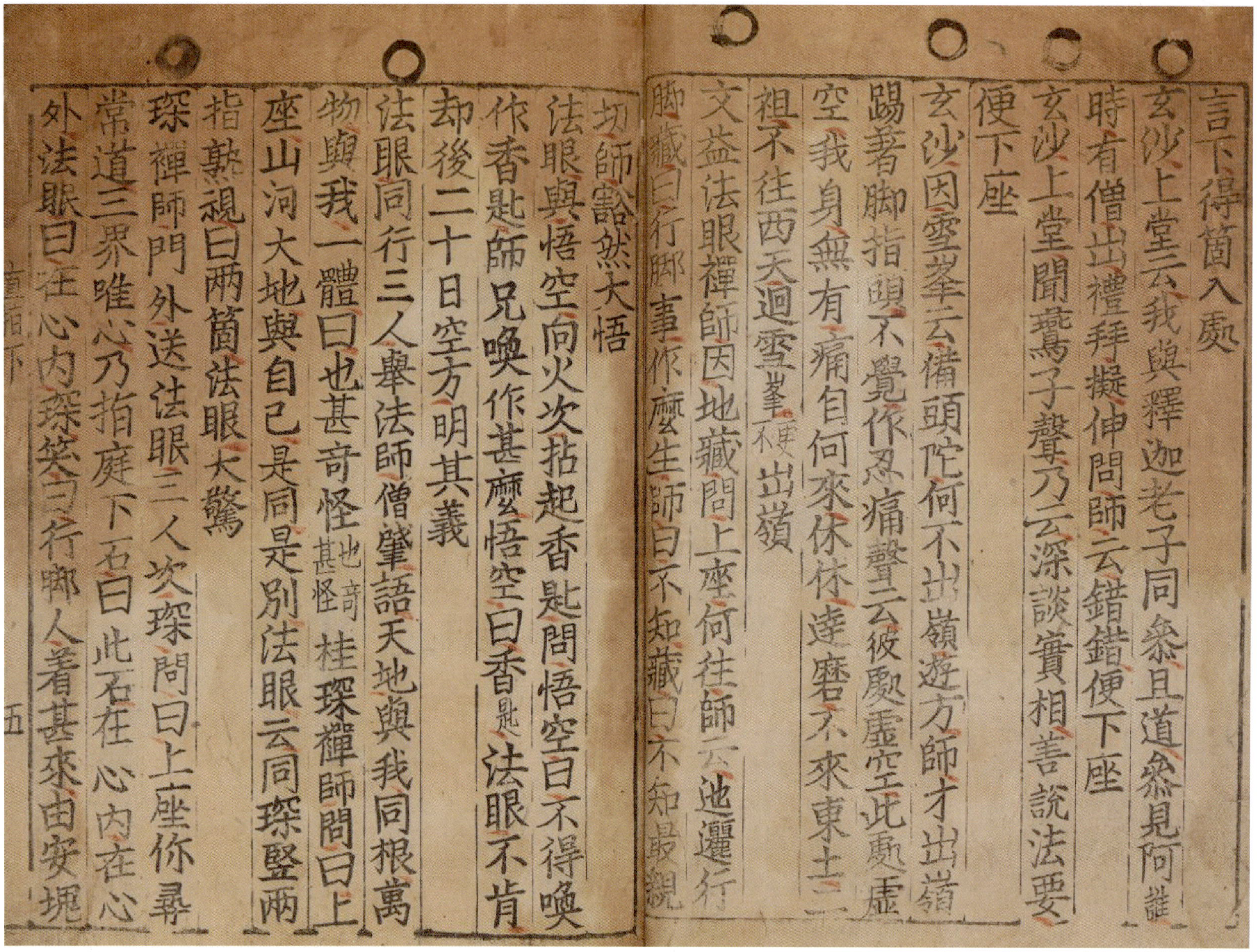

백운화상직지심체요절(청주 흥덕사에서 간행, 1377년 고려 시대)

이 책에는 사람이 마음을 바르게 가졌을 때

그 마음이 곧 부처님의 마음이라는 것을 깨닫게 된다는 내용이 담겨 있어요.

이 책이 어떤 이유로 금속인쇄술의 보물이 되었는지 같이 알아볼까요?

금속인쇄술의 보물 직지심체요절

『직지심체요절』은 세계에서 가장 오래된 금속활자 인쇄본으로 1377년 청주 흥덕사에서 간행되었고, 『구텐베르크 성경』보다 무려 78년을 앞섰어요.

이 책의 원래 이름은 『백운화상초록불조직지심체요절』인데 풀어 쓰면 '백운이라는 승려가 고승들의 어록을 가려 뽑아 모아 놓은 것'이라는 뜻으로 불교 서적이랍니다. 『직지』라고도 줄여서 부르는 이 책은 금속을 녹여 만든 활자를 사용해 인쇄되었는데, 유네스코로부터 금속활자로 찍어낸 가장 오래된 인쇄물로 인정되어 2001년 9월 4일에 유네스코 세계기록유산에 등재되었어요.

인쇄술이 발달하기 전 사람들은 책을 만들려면 손으로 일일이 베껴 적어야 했는데, 금속활자는 오래 보관하기가 쉽고, 하나하나 글자를 조합할 수 있는 장점이 있답니다.

박병선 박사님과 직지

박병선 박사님이 프랑스 유학길에 오를 때 대학교 시절 스승님께서 프랑스 군이 약탈해 간 『외규장각 의궤』를 꼭 찾아보라는 당부를 하셨어요.

그런데 박사님이 프랑스 국립도서관 사서로 일하며 의궤를 찾던 중 세계 최초의 금속활자 인쇄본 『직지심체요절』을 발견하게 되었지요. 직지를 유네스코 세계기록유산에 등재시킨 1등 공신으로 '직지의 어머니'라고 불린답니다.

직지의 인쇄 방법과 내용

직지 하권 마지막 장에 인쇄시기인 1377년을 말하는 선광 7년, 장소인 청주 흥덕사와 함께 인쇄 방법을 나타내 는 '주자인시' 즉 한자어 '쇠 부어만들 주(鑄)' 자를 통해 직지가 금속활자로 인쇄되어 있음을 알려주는 증거가 기록되어 있어요.

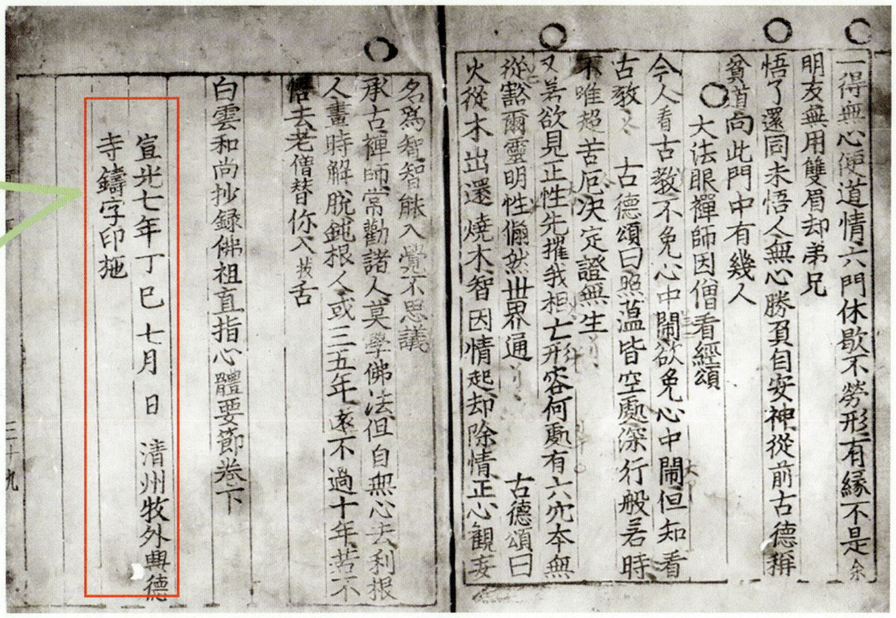
白雲和尚抄錄佛祖直指心體要節 卷下

宣光七年丁巳七月 日 淸州牧外興德寺鑄字印施

우리나라에서 가장 오래된 화폐

36. 건원중보

건원중보(금동합금, 지름 2.4cm, 고려 시대)

고려 시대에 화폐를 만들었다는 걸 알고 있나요?

이 동전이 바로 고려 시대에 만들어진 '건원중보'랍니다.

그 옛날에 화폐를 만든 이유가 무엇일까요?

실물이 남아있는 공식화폐, 건원중보

건원중보는 우리나라에서 실물이 남아 있는 것 중 가장 오래된 공식 화폐에요. 고려 성종 때 주조된 이 화폐는 외형은 둥글고, 중앙에는 사각의 구멍이 뚫린 형태를 가지고 있어요.

하지만 건원중보는 활발히 유통되지 않았어요. 백성들 사이의 거래에서는 여전히 곡물이나 포화*가 교환 수단으로 사용되었기 때문이에요. 결국 목종 때에 유통이 금지되어 사라지긴 했지만, 건원중보는 경제를 살리고 나라를 부강하게 하고자 했던 고려의 노력을 보여준답니다.

조선의 첫 주화, 조선통보

조선 초기 세종은 '조선통보'를 주조하여 유통시켰어요. 그러나 충분한 양을 만들 수 없었고, 여전히 곡이나 포화가 교환 수단으로 사용되었기 때문에 조선통보는 점차 사용되지 않게 되었어요. 인조 때 다시 조선통보를 유통시키고자 하였으나 역시 정착되지 못하고 사용이 중단됐어요.

조선통보

가장 오랫동안 사용된 주화, 상평통보

상평통보는 조선 숙종 때에 발행되어 고종 때까지 약 200여 년간 전국적으로 유통된 조선 시대의 대표적인 주화에요. 조선 시대에는 나라에서 꾸준히 주화를 유통시키려 했으나 번번이 실패했어요. 그러나 임진왜란 이후 인구가 급증하고 생산력이 늘어나서 물건을 사고 파는 일이 늘어나 화폐의 필요성이 높아졌어요. 또한 대동법의 시행으로 세금을 물건이 아니라 쌀로 내게 되었는데, 이로 인해 시장과 상공업이 발달하게 되었어요. 그와 함께 화폐의 유통도 늘어나게 되었답니다.

상평통보

*포화(布貨): 화폐로 사용하던 베(옷감)

인물의 성격이 생생하게 드러나는

37. 하회탈

양반탈 3D 복원모습(나무, 고려 시대)

하회탈은 현재 남아있는 가장 오래된 탈놀이 가면이에요.

조상님들은 언제 이 탈을 썼을까요?

오랫동안 보존된 신성한 탈

하회탈은 경상북도 안동시 하회마을, 그리고 이웃마을인 병산마을에 전해 내려오는 탈이에요. 왼쪽 사진에 웃고 있는 탈은 양반탈이에요. 하회마을에서는 예로부터 해마다 정월 대보름*에 별신굿을 했어요. 별신굿이란 마을의 수호신께 마을의 평화와 농사의 풍년을 비는 굿이에요. 별신굿을 할 때 하회탈을 쓰고 탈놀이를 했다고 해요. 하회탈은 역사 깊은 마을에서 탈놀이라는 살아있는 문화와 함께 내려져 오고 있어 가치가 더욱 커요.

<하회 별신굿 탈놀이 장면>

하회탈에는 양반탈 외에도 각시탈, 선비탈, 할미탈, 주지탈 등 인물의 성격과 특징이 생생하게 드러나는 탈이 총 11개가 남아있어요. 하회탈은 나무로 만들고 옻칠을 여러 번 해 형태와 색이 오래 유지될 수 있었어요. 또 옛날 사람들은 별신굿에 사용되는 탈을 신성하게 여겨 정성을 다해 보관했다고 해요. 덕분에 하회탈이 오늘날까지 전해질 수 있었어요.

인물마다 성격과 특징이 생생하게 드러나는 하회탈

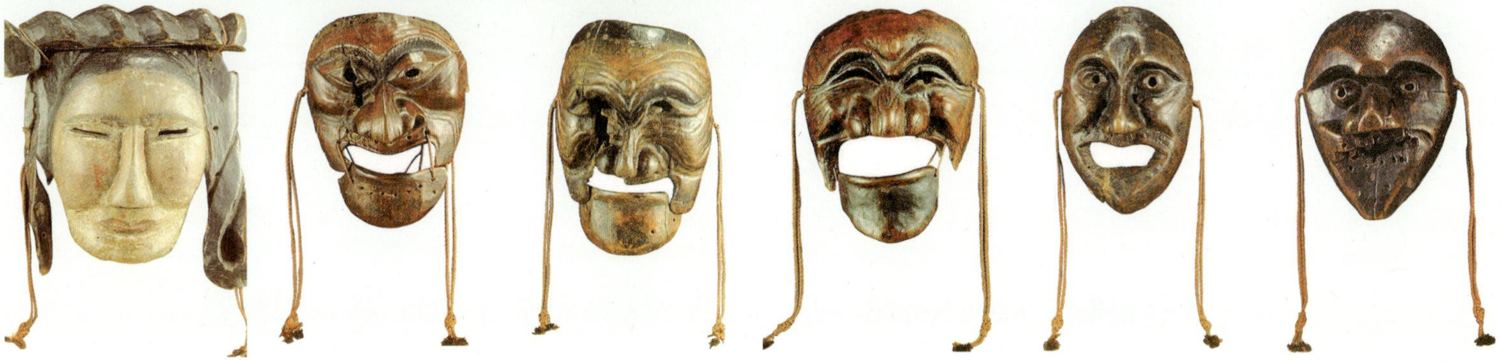

각시탈 선비탈 백정탈 중탈 할미탈 초랭이탈

***정월 대보름: 한 해의 첫 보름달이 뜨는 날로 음력 1월 15일에 지내는 우리나라의 명절**

조선 시대 아름다운 연회장

38. 경회루

경회루(조선 시대 건축물)

경복궁 경회루는 우리나라에서 단일 평면으로는 규모가 가장 큰 누각으로,

간결하면서도 호화롭게 장식한 조선 후기 누각 건축의 특징을 잘 나타내고 있어요.

조선 시대의 아름다운 연회장이었고, 지금은 우리의 소중한 건축 문화유산이랍니다!

조선 시대 아름다운 연회장 경회루

경복궁 근정전 서북쪽 연못 안에 세운 경회루는 나라에 경사가 있거나 사신이 왔을 때 연회를 베풀던 곳으로 가뭄 때는 연못가에서 비를 기원하는 기우제를 지내기도 했어요.

경복궁을 처음 지을 때의 경회루는 작은 규모였지만, 조선 태종 12년(1412)에 연못을 넓히면서 크게 다시 지었어요. 그 후 임진왜란으로 불에 타 돌기둥만 남은 상태로 유지되어 오다가 270여 년이 지난 고종 4년(1867) 경복궁을 다시 지으면서 경회루도 다시 지었답니다. 연못 속에 잘 다듬은 긴 돌로 둑을 쌓아 네모반듯한 섬을 만들고 그 안에 누각을 세웠으며, 돌다리 3개를 놓아 땅과 연결되도록 했어요.

경회루는 앞면 7칸과 옆면 5칸의 2층 건물로, 지붕은 옆면에서 볼 때 여덟 팔(八) 자 모양을 한 팔작지붕이에요. 예전 누각의 돌기둥에는 화려하게 용 문양을 조각했다고 전해지는데, 임진왜란으로 소실된 이후 고종 대에 다시 지으면서 지금과 같이 간결하게 바깥쪽에는 네모난 기둥을, 안쪽에는 둥근 기둥을 세웠어요.

1층 바닥에는 네모난 벽돌을 깔고 2층 바닥에는 마루를 깔았는데, 마루의 높이를 3단으로 각각 달리하여 지위에 따라 맞는 자리에 앉도록 했어요. 경회루를 둘러싼 둥근 연못은 하늘을 본뜬 것이며 연못 안의 네모난 기단은 땅을 본뜬 것이라고 해요.

경회루의 각 부분들

돌다리 3개로 땅과 연결함

경회루 1층 돌기둥(땅과 하늘을 상징)

경회루 2층 왕의 공간에서 바라본 풍경

왕과 왕비의 영혼을 모시는 경건한 곳

39. 종묘

종묘 정전의 여름과 가을의 모습(서울시 종로구, 조선 시대)

건물의 배치와 모습이 단순하면서도 경건한 분위기를 자아내지요.

종묘는 어떤 의미를 가진 곳일까요?

조선 시대 왕과 왕비의 영혼을 모시는 경건한 곳

종묘는 조선 시대 왕과 왕비의 신주를 모시고 제사를 지내는 사당이에요. 신주는 돌아가신 분의 이름을 적은 나무판으로, 사람들은 신주에 돌아가신 분의 혼령이 머문다고 믿었어요.

종묘에는 여러 개의 건물이 있는데, 그중 가장 큰 건물은 정전이에요. 정전에는 양 옆으로 길게 이어진 19칸의 방이 있는데, 방에는 조선의 왕 19분과 왕비 30분의 신주가 모셔져 있어요. 종묘의 건물은 화려하지 않고 단순해요. 단청도 칠하지 않았어요. 왕과 왕비의 영혼을 경건한 마음으로 모시고자 했기 때문이에요.

종묘에서는 매년 5월 첫 번째 일요일에 조선 왕실의 조상께 제사를 지내는 의식인 '종묘제례'를 해요. 이때 연주하는 음악과 춤을 '종묘제례악'이라고 해요. 종묘는 건물들이 원래 모습을 잘 유지하고 있고, 종묘와 종묘제례악은 오랫동안 이어져 온 제사 의식이에요. 이러한 훌륭함을 인정받아 종묘는 유네스코 세계유산으로, 종묘제례와 종묘제례악은 유네스코 무형문화유산으로 지정되었어요.

종묘와 사직단

종묘는 조선 시대 왕과 왕비의 영혼을 기리는 곳이고, 사직단은 땅의 신과 곡신의 신께 제사를 올리는 곳이에요. 종묘는 경복궁의 동쪽, 사직단은 경복궁의 서쪽에 있어요.

사직단(서울시 종로구, 조선 시대)

종묘에 있는 길을 봅시다. 왜 길의 높이가 다를까요?

가운데 길의 높이가 양쪽 길의 높이보다 약간 더 높아요. 조금 더 높게 만들어진 길은 신이 다니는 길인 '신로'예요. 신로는 왕도 함부로 밟지 않았다고 해요.

조선의 시간을 알린

40. 자격루

창경궁 자격루(조선 시대)

댕~댕~

두둥! 두둥!

자격루가 시간을 알려요!

커다란 항아리에서

흘러나간 물이

기둥을 채우고

기둥 위로 올라온 물에

또르르 밀려나간 구슬이

장치를 움직여

소리가 나게 해요.

바로 알람시계처럼요!

자동알람시계 자격루

자격루는 물을 이용하여 시간을 측정하고 알리는 자동 알람 시계로, 세종 때 만들어진 조선 시대의 독창적인 발명품이에요.

농사를 지을 때에는 절기와 시간을 아는 것이 매우 중요했어요. 계절의 변화에 따라 해야 할 일이 달라졌기 때문이에요. 당시 조선은 중국에서 계산된 시간을 사용하였는데 우리나라의 것과 달랐기 때문에 불편한 점들이 많았어요.

세종대왕은 이를 정확히 측정하고 알리기 위해 천문 관측을 강화하고 장영실에게 시계를 만들도록 했어요. 그때 만들어진 시계 중 하나가 바로 자격루에요. 자격루는 물을 이용했기 때문에 햇빛이 없을 땐 시간을 알 수 없었던 해시계의 단점을 보완할 수 있었답니다.

신분에 관계없이 인재를 등용한 세종대왕

장영실은 해시계인 앙부일구, 측우기 등을 발명하며 조선의 과학과 기술을 발전시키는 데 중요한 역할을 한 사람이에요.

세종대왕은 장영실이 관직에 오를 수 없는 노비 출신이지만 중국으로 유학을 보내어 기술을 배우게 하고, 벼슬을 주어 연구를 할 수 있는 기회를 주었습니다.

앙부일구

자격루의 원래 모습은 어땠을까요?

자격루는 '시간을 측정하는 장치'와 '시간을 알리는 장치'로 나뉘어 있어요.

물이 항아리에서 일정한 속도로 빠져나가 기둥에 물을 채우면 장치에서 구슬이 떨어져요. 그 구슬이 시간을 알리는 장치로 굴러가 시간마다 징과 북, 종을 울리게 하여 사람들에게 시간을 알려주었어요.

시간을 측정하는 장치　　시간을 알리는 장치

자격루 복원품(국립고궁박물관)

꿈에서 본 신선세계

41. 몽유도원도

몽유도원도(비단에 수묵담채, 세로 38.7cm, 가로 106.5cm, 조선 시대)

안평대군의 꿈 이야기를 듣고 안견이 그린 몽유도원도는

'꿈에서 본 복숭아꽃 마을 그림'이라는 뜻이에요.

안평대군은 꿈에서 어떤 모습을 보았을까요?

몽유도원도는 조선 시대 화가 안견이 안평대군의 꿈 이야기를 듣고 그린 그림이에요. 그림을 왼쪽에서 오른쪽 순서로 살펴보면 그림 속에 줄거리가 있는 듯해요. 왼쪽에는 흙산과 계곡이 그려져 있는데 이는 현실 세계를 나타내요. 중간에는 복숭아꽃이 활짝 피어 있는 마을이 있는데 신선들이 사는 세계를 뜻해요. 오른쪽에는 돌산, 평화로운 집이 그려져 있어요.

그림은 오른편으로 갈수록 더욱 환상적인 분위기가 나요. 옛날 사람들은 신선이 사는 세계에 복숭아꽃이 가득 피어 있는 언덕이 있다고 상상하고, 이를 무릉도원이라고 표현했어요. 흙산에서 길을 따라 가다가 돌산으로 둘러싸인 무릉도원에 도착하는 한 편의 이야기가 그림 속에 담겨져 있는 것 같지 않나요?

그림에는 안평대군을 비롯한 여러 사람의 글도 적혀 있어 그림을 보면 당시의 서예 문화도 알 수 있어요. 이 귀한 그림은 안타깝게도 지금 우리나라가 아닌 일본에 있어요.

조선의 신분증

42. 호패

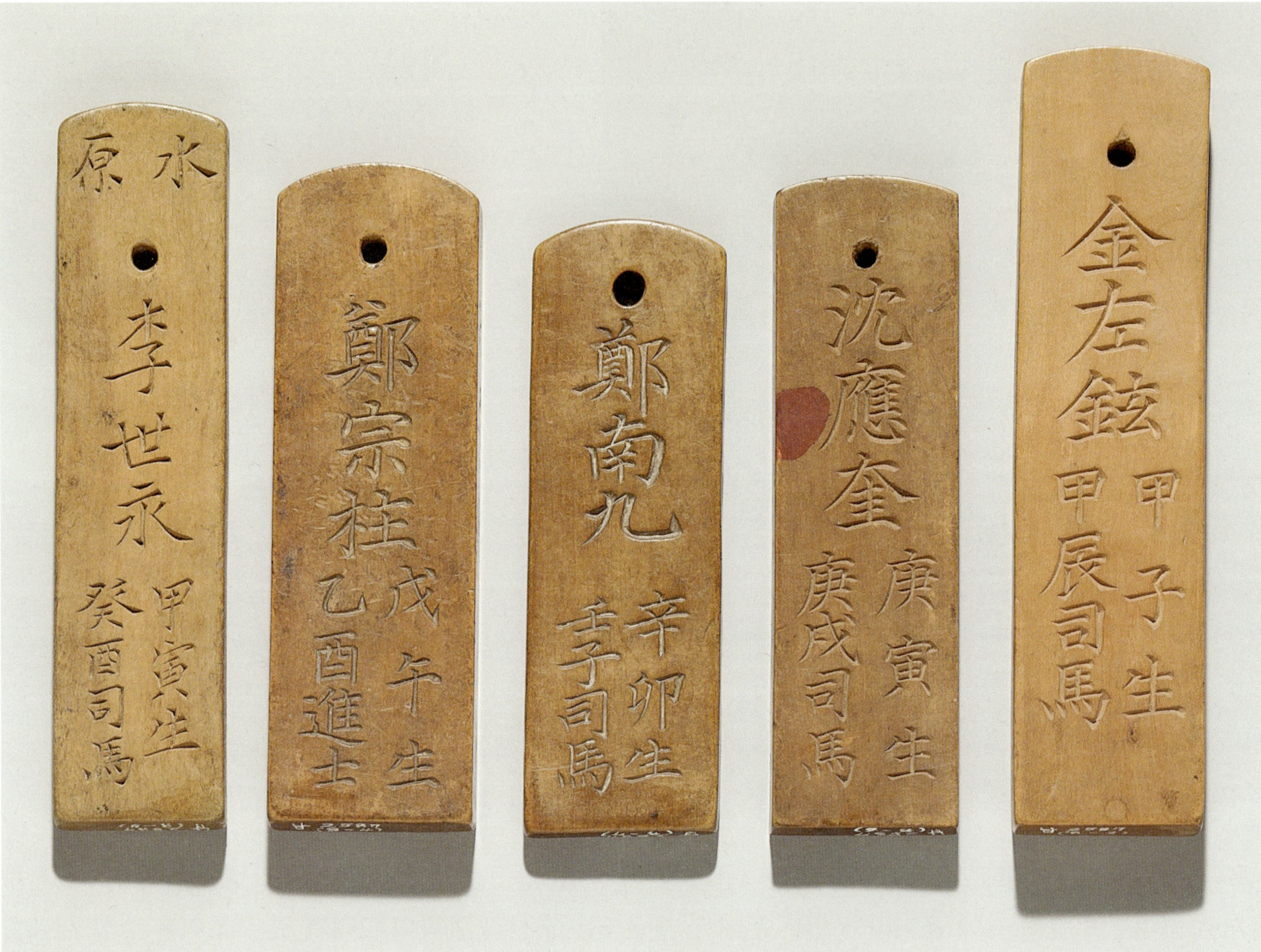

호패(황양목, 가로 약 4.2cm, 세로 약 11cm, 조선 시대)

조선 시대 사람들도 지금처럼 신분을 증명하는 물건이 있었대요.

앞면에는 이름, 나이, 과거에 합격한 해가, 뒷면에는 발급받은 연도와 장소가 적혀 있는

특별한 나무 조각인 호패입니다!

조선의 신분증, 호패

현대의 주민등록증과 비슷한 호패는 16세 이상 남자들은 양반에서 노비까지 누구나 지니고 다녀야 했어요. 호패법은 인구수를 파악하고, 신분을 증명하며, 백성들에게 각종 나랏일을 시키기 위해 만들어졌답니다. 호패는 신분을 증명하는 중요한 도구였기 때문에 갖고 다니지 않은 사람은 큰 처벌을 받기도 했어요.

호패는 신분에 따라 나무뿐만 아니라 상아*나 뿔로 만들기도 했답니다. 또한 신분이 낮을 경우 구체적인 생김새도 적혀 있었다고 해요.

호패는 조선 시대 신분제도와 사회 모습을 보여주는 중요한 유물이랍니다.

<상아로 만든 호패>

임금님이 주신 특별한 신분증, 마패

조선 시대에는 마패라는 특별한 패가 있었어요. 이 패는 관리들이 나랏일로 지방을 다닐 때 나라의 말을 빌릴 수 있도록 나라에서 발급된 것이에요. 마패에는 빌릴 수 있는 말의 수가 새겨져 있었는데, 그 수는 관리의 직급에 따라 달랐어요.

암행어사 출두요!!!!

암행어사는 왕이 백성들의 삶을 살피기 위해 지방으로 보낸 특별한 관리예요. 이들은 왕에게 받은 비밀편지, 할 일을 적은 책, 그리고 마패를 들고 지방으로 떠났답니다.

마패 앞면, 뒷면(구리, 9.5~11.5cm, 조선 시대)

*상아: 코끼리의 큰 앞니로 만든 단단한 재료

자연스러운 아름다움

43. 분청사기 음각어문 편병

분청사기 음각어문 편병(흙, 높이 22.6cm, 조선 시대)

분청사기는 생활 속에서 사용되는 실용적인 도자기로 자연스러운 멋이 있어요.

조선 시대 사람들은 다양한 방법으로 분청사기를 장식했어요.

물고기 무늬에는 무슨 뜻이 담겨져 있을까요? 이 물병은 어디에 쓰이는 걸까요?

자연스러운 아름다움

분청사기는 고려 후기부터 조선 초기에 많이 제작된 도자기 종류로, 흙으로 도자기 형태를 만든 후 겉에 하얀 흙을 바른 도자기예요. 분청사기 음각어문 편병은 뾰족한 도구로 물고기 무늬를 새긴 납작한 병이에요. 옛날 사람들은 풍요롭고 자손이 많기를 기원하며 물고기 그림을 그리기도 했어요.

이 병은 물이나 술을 담는 도구예요. 실용적일 뿐만 아니라 은은한 색과 자연스러운 멋을 가져 예술적으로도 뛰어나지요. 분청사기를 장식하는 방법은 매우 다양한데, 장식 방법에 따라 도자기 이름이 달라지기도 해요. 꽃, 물고기, 과일 등 자연스러운 그림을 그렸으며 장식 방법은 지역마다 다르기도 했어요.

분청사기는 신분에 상관없이 백성들 사이에서 널리 사용되었어요. 접시, 대접, 물병, 주전자, 항아리 등 실용적인 도구로 만들어졌지요.

청자 상감 운학문 매병
(높이 41.7cm, 고려 시대)

백자 병
(높이 36.5cm 조선 시대)

분청사기는 어떤 시기의 유물일까?

고려 시대에는 청자가 유행했어요. 조선 중기부터 조선 후기에는 백자가 유행했지요. 분청사기는 청자가 유행하던 시기와 백자가 유행하던 시기 사이에 주로 만들어지고 사용되었어요.

다양한 장식이 되어 있는 분청사기

분청사기 상감
새 대나무 백합무늬 매병

분청사기 박지
모란 넝쿨무늬 편병

분청사기
인화무늬 합

분청사기 덤벙
호형주자

분청사기
귀얄무늬 병

달을 닮아 붙여진 이름

44. 백자 달항아리

백자 달항아리(높이 41cm, 입지름 20cm, 밑지름 16cm, 조선 시대)

도자기의 모양이 하얀 보름달과 비슷해요. 그래서 이름이 백자 달항아리가 되었대요.

어? 그런데 완벽한 동그라미도 아니고 빛깔도 깨끗한 흰색이 아니에요.

많은 사람들이 백자 달항아리를 사랑하는 까닭은 무엇일까요?

넉넉한 아름다움, 백자 달항아리

백자 달항아리는 조선 후기를 대표하는 예술품으로 18세기 전후 사회적, 경제적으로 어려운 시기에 유행했어요. 달처럼 크고 둥글게 보인다고 하여 '달항아리'라는 이름이 붙여졌지요.

백자 달항아리 같이 둥근 모양의 도자기는 물레에서 단번에 만들 수 없었어요. 그래서 큰 사발 두 개를 따로 만들어 위아래로 맞붙여 만들었어요. 두 개의 사발이 완벽하게 같을 수 없었기 때문에 달항아리는 대칭이 완벽하지 않았고, 맞붙인 부분의 흔적이 여실히 드러나기도 했어요. 하지만 오히려 다소 일그러진 모양이 백자 달항아리를 더욱 자연스럽고 매력적으로 보이게 한답니다.

표면의 빛깔 역시 완벽한 흰색이 아니에요. 가마에 굽다가 생긴 무늬도 있고 미색, 청색을 띠어 온화하고 부드러운 느낌을 주지요.

백자 달항아리는 절제와 소박함을 추구했던 조선 시대 사람들의 삶의 자세를 잘 보여준답니다.

백자 달항아리
(높이 46cm, 입지름 20.3cm,
밑지름 15cm, 조선 시대)

백자 달항아리
(높이 43.8cm, 입지름 21.4cm ,
밑지름 16.6cm, 조선 시대)

백자 달항아리를 만드는 방법

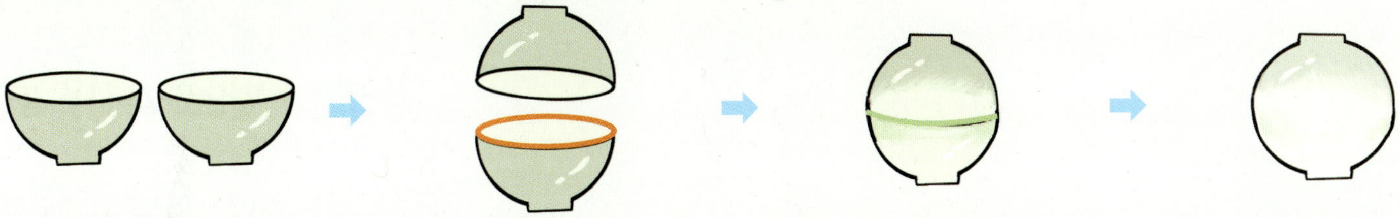

① 너비가 같은 두 개의 사발을 만든 후 건조시킨다.

② 아래 그릇의 윗면에 흙물을 바르고 위 그릇을 엎어서 붙인다.

③ 이음새를 문질러 잘 붙인다. 입구를 만들고 전체적으로 도자기 모양을 다듬어준다.

④ 유약을 바르고 가마에서 굽는다.

붓으로 내면을 표현한

45. 윤두서 자화상

윤두서 자화상(종이에 채색, 세로 38.5㎝, 가로 20.5㎝, 조선 시대)

정면을 바라보는 예리한 눈빛과

얼굴 바깥으로 뻗은 섬세한 수염

이 그림은

조선 후기 대표적인 화가

공재 윤두서가 그린

자화상이랍니다.

강렬한 눈빛으로 자신을 표현한

윤두서는 어떤 사람이었을까요?

내면을 그린 조선의 화가

공재 윤두서(1668-1715)는 조선 후기의 대표적인 선비화가로 부유한 집안에서 태어나 과거에 합격했지만 관직에 나가지 않고 예술과 학문에 전념했어요.

그는 그림을 그리기 전, 그릴 대상을 자세히 관찰하고 원래의 모습과 같게 그릴 자신이 있을 때만 붓을 들었답니다. 이러한 성격을 가진 윤두서의 자화상은 강렬하면서도 고요한 눈빛, 눈 주변의 붉은 기운, 코와 입의 섬세한 묘사, 그리고 한 올 한 올 살아 있는 수염까지 무척 사실적으로 표현되어 있어요.

윤두서의 자화상은 권위와 신분을 드러내는 기존의 자화상과는 달리, 자신의 내면과 당당한 정신 세계를 담아냈다는 점에서 특별해요. 관모를 생략한 독특한 구도와 내면을 바라보는 것 같은 눈빛은 윤두서의 예술적 깊이를 그대로 보여준답니다.

윤두서 자화상의 비밀

1937년에 만든 『조선사료집진』 속 자화상 사진에는 상반신이 표현되어 있었어요. 2006년 국립중앙박물관이 자화상을 과학적으로 촬영하고 정밀 분석한 결과 옷자락과 귀까지 그려져 있던 것으로 밝혀졌답니다.

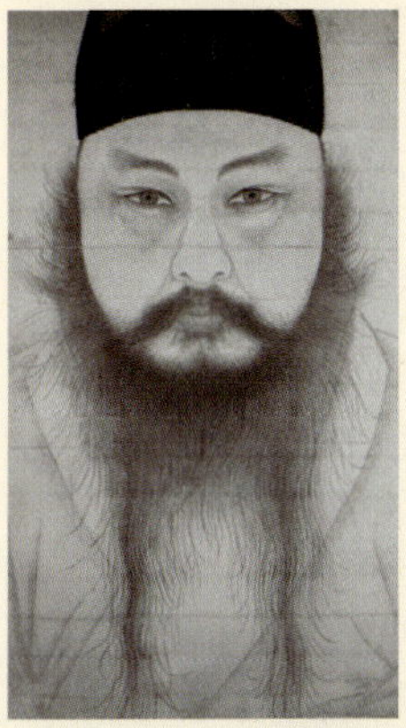

2006년 국립중앙박물관이 촬영한 윤두서 자화상 사진

조선 시대의 초상화

조선 시대에는 초상화를 그릴 때 두 가지를 중요하게 생각했어요. 첫 번째는 인물의 마음과 정신을 표현해야 한다는 것이고, 두 번째는 터럭 하나까지도 똑같아야 한다는 것이에요.

병으로 인한 흉터, 피부의 잡티까지도 있는 그대로 그려낸 이유는 인물의 참된 모습과 정신을 보여준다고 생각했기 때문이에요.

서직수 초상(비단에 채색, 세로 148.8cm, 가로 72.4cm, 조선 시대)

허목 초상(비단에 채색, 세로 72.1cm, 가로 57cm, 조선 시대)

정선이 그린 금강산의 아름다움

46. 금강전도

금강전도(종이에 먹, 세로 130.8cm, 가로 94.5cm, 조선 시대)

정선은 자신이 본 금강산의 아름다운 모습을 그림으로 표현했어요.

금강산의 많은 봉우리들을 하나의 그림에 담았는데, 그림 속 바위와 나무의 모습이 생동감 있어요.

정선은 어떻게 금강산을 이처럼 생동감 있게 그렸을까요?

정선이 그린 아름다운 금강산

금강전도는 조선 후기 화가 정선이 실제 금강산의 풍경을 보고 그린 그림이에요. 위에서 내려다본 금강산 봉우리들을 한눈에 볼 수 있도록 둥근 구도에 담아낸 그림이지요. 그림의 크기가 크고 표현이 세밀해서 웅장한 금강산의 아름다움을 생생하게 느낄 수 있답니다.

정선이 이 그림을 그리기 전에는 우리나라의 산과 강을 실제로 보고 그린 그림이 거의 없었어요. 많은 화가들이 중국의 그림을 따라 그리거나 상상 속 풍경을 그렸지요. 하지만 정선은 우리나라 자연의 모습을 담은 그림을 그렸어요. 실제 자연 풍경을 보고 그린 그림을 '진경산수화'라고 해요. 정선은 진경산수화를 크게 유행시켰어요.

금강전도를 보면 정선의 붓 표현이 매우 독창적이에요. 오른쪽 바위 봉우리들은 붓을 아래로 내려 그어 거칠고 날카롭게 표현되었고, 왼쪽 흙산과 나무는 붓을 옆으로 눕혀 점을 찍듯 표현하여 부드러운 느낌이에요. 그림에는 겹쳐 보이는 여러 산들이 표현되어 있는데 멀리 있는 산과 가까운 산이 구분되어 보여요. 정선은 이러한 기법을 활용해 우리 산을 생동감 있게 표현했어요.

그림의 윗부분에는 정선이 적은 글이 있어요. 정선은 "금강산의 봉우리들을 한 폭의 그림에 모두 담았다. 모든 봉우리와 골짜기를 빠짐없이 담았으니, 이제 머리맡에 걸고 실컷 볼 수 있게 되었다."고 적었어요. 정선이 금강산을 얼마나 아름답게 여겼는지 느껴지지요?

정선이 그린 인왕산의 모습

'인왕제색도'는 정선이 비가 내린 뒤의 인왕산의 모습을 그린 것이에요. 비 온 뒤 안개가 피어 오르는 순간을 생생하게 그린 그림이지요.

조선 후기 화가 김홍도의

47. 씨름

김홍도(1745~1805?) 씨름(종이에 수묵담채, 26.9X22.2cm, 조선 시대 후기)

우와~

씨름 경기의 결판이

곧 날 것 같아요!

씨름하는 모습이 정말

생생하게 그려져 있네요.

김홍도의 대표작인

「씨름」에 대해 알아볼까요?

조선 후기의 뛰어난 화가 김홍도

「씨름」은 조선 후기 화원인 김홍도가 그렸어요. 종이 위에 먹물을 이용해 그림을 그리고 옅게 채색을 한 수묵담채화에요. 김홍도는 풍속화뿐 아니라 산수화, 인물화 등 모든 분야에서 뛰어난 실력을 보여준 화가에요.

김홍도의 가장 널리 알려진 호는 '단원'이에요. 「씨름」은 김홍도의 풍속화첩인 『단원풍속도첩』의 작품 중 하나인데, 이 그림은 당시 남성들이 좋아했던 놀이인 씨름을 하는 사람들을 중심으로 구경꾼들의 다양한 모습을 실감나게 묘사한 김홍도의 대표작이랍니다. 단옷날에 남자들은 씨름을 즐겼어요. 남자가 결혼하면 머리에 상투를 틀고, 결혼을 하지 않으면 길게 땋은 댕기머리를 했던 모습을 그림에서도 찾아볼 수 있어요.

그림을 좀 더 자세히 살펴볼까요?

왼쪽 위에 있는 구경꾼의 모습이에요. 마치 이번 경기가 끝나면 다음 선수로 나가려는 듯, 갓과 신발을 벗어두고 진지한 모습으로 씨름 놀이를 구경하고 있어요.

한쪽 다리가 들린 사람이 당황한 듯 힘껏 인상을 쓰며 넘어가지 않으려고 상대의 옷을 꽉 잡은 모습이 보여요. 아래쪽 남자는 이제 조금만 더 하면 이길 수 있을 것 같은 자신감 있는 얼굴이에요.

엿장수는 씨름에는 크게 관심이 없는 듯 다른 곳을 바라보고 있어. 자칫 단조로울 수도 있는 그림에서 변화를 주는 요소랍니다.

한반도를 옮겨 담다

48. 대동여지도

대동여지도(각 면 세로 30cm, 가로 20cm, 전체 세로 약 6.7cm, 가로 약 3.8m, 조선 시대)

산, 강, 마을까지

정확하고 자세하게 담긴

지도

한 권의 책에서

펼쳐지는 조선의 땅!

바로 조선 후기 김정호가

만든 대동여지도예요.

조선의 땅을 담은 거대한 지도

대동여지도는 우리나라 전체를 남북으로 22층으로 나누고 각 층을 동서로 이어 책처럼 접는 '분첩절첩식'으로 만들었어요. 지도를 모두 펼치면 가로 약 3.8m, 세로 약 6.7m의 거대한 크기가 되는데 병풍처럼 접을 수 있어 가지고 다니기 편리했어요.

대동여지도는 조선 시대 지도 발달의 정점을 보여주며 우리나라 역사와 지리 연구에서 중요한 자료로 쓰이고 있어요.

김정호는 서양의 기술을 받아들여 과학적인 전국지도를 만들고자 했으며 많은 사람들이 이용할 수 있도록 대동여지도를 목판본으로 찍어냈어요. 지도를 목판에 새겨 찍어내면 손으로 옮겨 그릴 때 생기는 실수도 막을 수 있어요.

대동여지도에는 산의 높낮이, 하천의 크기, 마을과 도로까지 아주 자세하게 표현되어 있어요. 산의 높낮이는 선의 굵기 차이를 두어 표현하였고, 배가 다닐 수 없는 좁은 하천은 한 줄기, 배가 다닐 수 있는 하천은 두 줄기로 나타냈어요. 또한 사람들이 사는 마을과 도로도 자세하게 나타냈으며 마을 사이 도로는 10리마다 점을 찍어 거리를 예상할 수 있답니다.

<대동여지도 목판 일부>

지금의 지도처럼 '지도표'라는 기호로 여러 시설들을 나타냈어요.

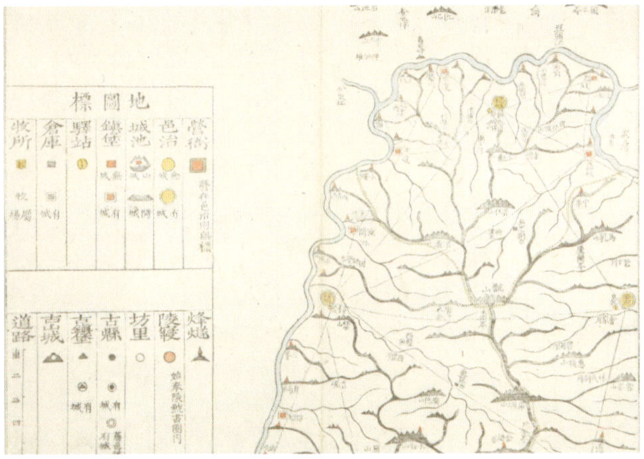

<대동여지도 일부분>

행복을 바라는 그림

49. 호랑이와 까치

호랑이와 까치(작자 미상, 조선 시대)

아이고 무서워!

호랑이가 입을 크게 벌리고

쳐다보고 있어요!

하늘에는 까치가 날고

커다란 소나무도 있어요.

옛날 사람들은

이런 그림을 집 안에

걸어 두었대요.

이 그림에는 어떤 의미가

담겨있을까요?

호랑이와 까치(작자 미상, 조선 시대)

호랑이와 까치 그림에 담긴 소망

호랑이는 힘과 용맹을 상징하며 집 안으로 들어오는 잡귀와 재난을 막아주는 신령한 존재를 의미해요.

까치는 예로부터 좋은 소식을 전하는 새로 여겨져 민화에서 까치가 그려지면 가정에 행복과 평안을 가져온다는 의미를 지니게 돼요.

그리고 배경에 있는 소나무는 세월을 견디는 강한 생명력을 의미해요. 또한 겨울철에도 푸른 모습을 유지하기 때문에 정월을 상징하기도 해요.

즉 호랑이와 까치, 소나무가 함께 등장하는 민화는 새해를 맞이하여 집안의 평안과 복을 기원하는 의미를 담고 있답니다.

민화를 즐긴 조선 사람들

조선 후기에는 경제가 발전하면서 서민들도 문화적 여유를 가지게 되었고, 그 덕에 민화가 많이 그려졌어요.

민화는 사람들의 일상적인 소망과 바람을 표현한 그림이에요. 특히 건강, 행복, 재물, 자식의 번창 등을 기원하는 내용을 담고 있어요. 사람들은 이런 민화를 자주 볼 수 있도록 집 안에 걸어 두었답니다.

사람들의 소망을 표현한 민화와 그 의미

<장생도>
장수, 건강

<모란도>
부귀

<어해도>
다산, 번영

사진 출처

01 주먹도끼 〈주먹도끼〉: 국립중앙박물관

02 갈돌과 갈판 〈갈돌과 갈판〉: 국립중앙박물관, 〈도마〉: 국립민속박물관, 〈절구와 절구공이〉: 국립청주박물관, 〈망치〉: 온양민속박물관

03 빗살무늬 토기 〈빗살무늬 토기〉: 국립중앙박물관

04 고인돌 〈강화 부근리지석묘〉: 강화군청 홈페이지

05 울주 대곡리 반구대 암각화 〈울주 대곡리 반구대 암각화〉: 울산암각화박물관, 〈울주 대곡리 반구대 암각화 복원도〉: 국립문화재연구소, 〈울주 대곡리반구대암각화 전경〉: 국가유산청

06 농경문 청동기 〈농경문 청동기〉, 〈농경문 청동기 확대〉, 〈민무늬 토기 항아리〉, 〈반달돌칼〉: 국립중앙박물관

07 동검 〈요령식동검〉, 〈한국식 동검〉, 〈비파〉, 〈한국식동검 거푸집〉: 국립중앙박물관

08 잔무늬거울 〈잔무늬거울_한국기독교박물관소장〉, 〈화순 대곡리 청동기 일괄〉: 국가유산청

09 판갑옷 〈판갑옷과 투구〉, 〈오른쪽 옆구리〉: 국립중앙박물관, 〈말모양 허리띠 고리〉, 〈말 띠 드리개〉, 〈고리자루 큰 칼〉: 국립김해박물관

10 무용도와 수렵도 〈무용총 무용도〉: 매일경제(2017.10.19) https: //www.mk.co.kr/news/culture/8015040, 〈무용총 수렵도〉: 나무위키 https: //namu.wiki/w/무용총, 〈무용총 구조〉: 우리역사넷

11 광개토대왕릉비 〈천안 독립기념관에 재현된 광개토대왕릉비〉: 공유마당, 〈광개토대왕릉비 동면〉, 〈광개토대왕릉비 탁본〉: 국립중앙박물관

12 칠지도 〈칠지도 모조품〉: 국립부여박물관, 〈백제 입점리고분 금동관〉: 입점리 고분 전시관, 〈일본 에타후나야마고분 금동관모〉: 일본 e국보 사이트

13 정림사지 오층석탑 〈정림사지 오층석탑〉, 〈석탑의 지붕돌〉: 국가유산청

14 산수무늬벽돌 〈산수무늬벽돌〉, 〈산수봉황무늬벽돌〉: 국립중앙박물관

15 백제 금동대향로 〈백제 금동대향로〉: 저자, 〈금동대향로 뚜껑 그림〉: 국립부여박물관

16 마애여래삼존상 〈마애여래삼존상〉, 〈본존불상〉, 〈제화갈라보살입상〉, 〈미륵반가사유상〉: 국가유산청

17 금동미륵보살반가사유상 〈삼산관반가사유상〉, 〈일월식삼산관반가사유상〉, 〈삼산관반가사유상 뒷모습〉, 〈일월식삼산관반가사유상 뒷모습〉: 국립중앙박물관

18 천마총 장니 천마도 〈장니 천마도〉: 국가유산청, 〈장니〉: 말박물관에서 촬영(저자), 〈적외선 촬영 천마도〉: 국립중앙박물관

19 천마총 금관 〈천마총 금관〉, 〈황남대총 금관〉, 〈금관총 금관〉, 〈서봉총 금관〉, 〈금령총 금관〉: 국가유산청, 〈천마총 금관 발굴당시 사진〉: 국가문화유산청, 국립문화재연구소

20 기마인물형 토기 〈기마인물형 토기〉, 〈기마인물형 토기 확대〉: 국립중앙박물관, 〈기마인물형 명기〉: 국가유산청

21 토우장식 장경호 〈토우장식 장경호〉: 국립경주박물관

22 진흥왕 순수비 〈진흥왕 순수비 정면〉, 〈순수비 측면〉: 국립중앙박물관, 〈창녕비〉: 국가유산청, 〈신라 최대 영토와 진흥왕 순수비 분포 지도〉: 백지도 다운 및 자체 제작, 〈황초령비〉, 〈마운령비〉: 국립문화유산연구원

23 첨성대 〈첨성대〉: 국가유산청

24 석굴암 〈석굴암 본존불〉, 〈돔 구조의 천장과 쐐기돌〉: 국가유산청

25 불국사 청운교와 백운교 〈불국사 청운교와 백운교〉, 〈불국사 백운교〉: 국가유산청

26 석가탑과 다보탑 〈석가탑〉: 국립문화유산연구원, 〈다보탑〉, 〈돌사자상〉: 국가유산청

27 무구정광대다라니경 〈무구정광대다라니경〉: 한국학중앙연구원 〈무구정광대다라니경 발견 당시 펼친 모습 일부〉: 국가유산청, 〈무구정광대다라니경 발견 모습〉: 동아일보(2009.09.27) https: //www.donga.com/news/Culture/article/all/20070326/8422487/1

28 성덕대왕신종 〈성덕대왕신종〉: 국가유산청, 〈성덕대왕신종 확대〉: 국립경주박물관

29 청동 은입사 포류수금문 정병 〈청동 은입사 포류수금문 정병〉: 국립중앙박물관

30 청자 상감 운학문 매병 〈청자 상감 운한문 매병 간송미술관소장〉, 〈청자 모자원숭이모양 연적〉: 국가유산청, 〈청자 투각 칠보무늬 향로〉, 〈청자 상감 국화무늬 잔과 잔받침〉, 〈청자 어룡모양 주전자〉: 국립중앙박물관

31 해인사 대장경판 〈합천 해인사 대장경판 대반야바라밀다경(앞)〉, 〈팔만대장경〉, 〈해인사 장경판전〉: 국가유산청

32 수월관음도 〈수월관음도(서구방)〉: 센오쿠학고간소장, 〈수월관음도〉: 가가미신사소장

33 경천사지 십층석탑 〈경천사지 십층석탑〉, 〈경천사지 십층석탑 확대〉: 국립중앙박물관, 〈월정사 팔각 구층석탑〉: 국가유산청

34 부석사 무량수전 〈무량수전〉, 〈무량수전 내부〉, 〈무량수전 우측〉: 국가유산청, 〈부석〉: 영주시 문화관광 홈페이지 부석사

35 직지심체요절 〈직지심체요절〉: 주유네스코 대한민국 대표부, 〈직지 마지막 장〉 프랑스국립도서관 전자도서관 '갈리카'에서 다운로드

36 건원중보 〈건원중보〉, 〈조선통보〉, 〈상평통보〉: 한국은행화폐박물관

37 하회탈 〈양반탈 3D 복원〉: 국가유산청, 〈하회 별신굿 탈놀이 모습〉: 디지털 안동문화대전, 〈각시탈〉, 〈선비탈〉, 〈부네탈〉, 〈백정탈〉, 〈이매탈〉, 〈중탈〉, 〈할미탈〉, 〈초랭이탈〉: 안동하회마을 홈페이지

38 경회루 〈경회루〉, 〈돌다리 3개〉, 〈경회루 1층〉, 〈경회루 2층〉: 저자

39 종묘 〈종묘 정전의 여름과 가을〉, 〈종묘 신로〉, 〈사직단〉: 국가유산청

40 자격루 〈창경궁 자격루〉: 한민족대백과사전, 〈자격루 복원품〉: 서울고궁박물관, 〈앙부일구〉: 국립중앙박물관

41 몽유도원도 공유마당

42 호패 〈호패〉, 〈마패(뒤)〉, 〈마패(앞)〉, 〈문신 김희 호패〉: 국립중앙박물관

43 분청사기 음각어문 편병 〈분청사기 음각어문 편병〉, 〈청자 상감 운학문 매병〉: 국가유산청, 〈백자 병〉, 〈분청사기 상감 새 대나무 백합 무늬 매병〉, 〈분청사기 박지 모란 넝쿨무늬 편병〉, 〈분청사기 인화 무늬 합〉, 〈분청사기 덤벙 호형 주자〉, 〈분청사기 귀얄무늬 병〉: 국립중앙박물관

44 백자 달항아리 〈달항아리〉: 국립중앙박물관

45 윤두서 자화상 〈윤두서 자화상_고산윤선도박물관 소장〉: 국가유산청, 〈서직수 초상〉, 〈허목 초상〉: 국립중앙박물관

46 금강전도 〈정선필 금강전도〉: 국가유산청, 〈인왕제색도〉: 국립중앙박물관

47 씨름 〈씨름〉: 국립중앙박물관

48 대동여지도 〈대동여지도〉, 〈대동여지도(기호)〉: 서울대학교 규장각한국학연구원, 〈대동여지도 목판〉: 국립중앙박물관

49 호랑이와 까치 〈호랑이와 까치〉, 〈장생도〉, 〈모란도〉, 〈어해도〉: 국립중앙박물관

저자 소개

류재만

서울교육대학교를 졸업하고 한양대학교, 단국대학교 대학원에서 석사학위, 홍익대학교 대학원에서 박사학위를 취득하였다. 서울시내 초등학교 교사로 19년 10개월을 근무하면서 초등학교 현장 경험을 쌓았고 미술교육 관련 제 문제를 연구하고 있다. 그동안 초등 미술 국정교과서, 검인정 초등미술 교과서, 중등 미술교과서를 집필했다. 『미술교육학』, 『초등미술과 교수법』, 『미술교육이론과 사상』, 『재미있는 미술감상수업』, 『명화로 도덕수업을 바꾸다』, 『선생님, 오늘 미술 뭐해요?』, 『미술영재교육의 이론과 실제』 등을 출간하였다. 한국초등미술교육학회장, 한국미술교육학회 회장, 한국문화예술교육진흥원 중앙교육위원, 서울특별시교육청 문화예술교육자문위원, 국립민속박물관 운영위원을 역임하였다. 현재 서울교육대학교 교수이다.

김선아

서울교육대학교를 졸업하고, 서울교육대학교 교육전문대학원에서 박물관 · 미술관교육 전공 석사과정 중에 있으며, '재미있는 문화유산 수업'을 출간하였다. 현재 서울특별시 교육청 소속 서울서일초등학교 교사이다.

김은미

서울교육대학교를 졸업하고, 서울교육대학교 교육전문대학원에서 박물관 · 미술관교육 전공 석사과정 중에 있으며, '재미있는 문화유산 수업'을 출간하였다. 현재 서울특별시 교육청 소속 서울전동초등학교 교사이다.

송미영

서울교육대학교를 졸업하고, 서울교육대학교 교육전문대학원에서 초등미술교육 전공 석사과정 중에 있으며, '재미있는 문화유산 수업'을 출간하였다. 현재 서울특별시 교육청 소속 서울서이초등학교 교사이다.

이수지

서울교육대학교를 졸업하고, 서울교육대학교 교육전문대학원에서 초등미술교육 전공 석사과정 중에 있으며, '재미있는 문화유산 수업'을 출간하였다. 현재 서울특별시 교육청 소속 서울선곡초등학교 교사이다.

교과서에 나오는
재미있는 우리 문화유산 이야기

2025년 4월 25일 1판 1쇄 인쇄
2025년 4월 30일 1판 1쇄 발행

지은이 • 류재만 · 김선아 · 김은미 · 송미영 · 이수지
펴낸이 • 한정주
펴낸곳 • 교육과학사

경기도 파주시 광인사길 71
전화 • 031)955-6956~8 / 팩스 031)955-6037
Home-page • http://www.kyoyookbook.co.kr
E-mail • kyoyookbook@daum.net
등록 • 1970년 5월 18일 제2-73호

정가 18,000원
ISBN 978-89-254-1906-0

낙장 · 파본은 교환해 드립니다.
Printed in Korea.